「うちでお茶する?」のコツ100

三宅貴男

はじめに

冬の中国大陸を走る列車の中、背中を丸めて窓の外を眺めていると、温和な顔の老人が僕になにかを話しかけます。言葉はわからないけれど、彼が差し出したものを見て意味はすぐに理解できました。白い器にサラサラとした小さな緑色の葉が入れられています。「お湯を注いでこれを飲みなさい」。おじいさんはニコニコと嬉しそうに僕を見て、僕もニコニコ嬉しそうにそれを飲みます。
器に葉っぱ。この意味は世界共通です。
体を温め、心を癒し、見知らぬ人との距離を穏やかに縮めてくれるもの。僕はそんな魔法のような「お茶」という飲み物をもっともっと誰かと共有したくて、この本を書きました。身近だけれど漠然としている、言葉としての「お茶」を体系的に整理して、難しそうなイメージのものはできるだけ易しく具体的に。ときどき出てくる物語も、そのお茶の特徴や性質を理解するのに役立つものです。はじめて聞く名前の茶に怯みそうになったときには、この本をパラパラとめくってみてください。どこかに必ず上手に淹れるヒントがあるはずです。
「うちでお茶する？」は、「うちで一緒にお茶を飲みませんか？」と「自分でお茶を淹れてみませんか？」という2つの意味。誰かのためのお茶も、自分のためのお茶も、それが潤すのは喉だけではありません。
中国には「喉の渇きには水を、心の渇きには茶を」という言葉があります。この本がそんなお茶の魅力に気づくきっかけになれたら、とても嬉しいです。

| Q1 | そもそもお茶って？〈茶の定義〉 | 010 |

1 日本茶

Q2	日本茶ってどんなお茶？〈日本茶の種類〉	014
Q3	日本茶って体にいいの？〈日本茶の効能・効果〉	016
Q4	新茶、一番茶、番茶、いったいなにが違う？〈新茶・一番茶・番茶〉	018
Q5	いつも飲んでいるあの緑茶、いったいなに茶なんだろう？〈煎茶〉	020
Q6	「静岡のお茶はお茶じゃねぇ」って本当？〈深蒸し煎茶〉	022
Q7	リラックス効果の高いおすすめの日本茶はなに？〈玉露〉	024
Q8	一石二鳥そんな日本茶ってある？〈かぶせ茶〉	026
Q9	値段が安くて頭がスッキリする日本茶ってある？〈芽茶〉	028
Q10	茶柱が立つと縁起がいい？〈茎茶〉	030
Q11	粉茶と粉末緑茶は違う？〈粉茶〉	032
Q12	ほうじ茶って家でつくれるの？〈ほうじ茶〉	034
Q13	玄米茶をお客様に出すのは失礼？〈玄米茶〉	036
Q14	抹茶を家で簡単にいただく方法ってある？〈抹茶〉	038
Q15	フレーバー緑茶ってなに？〈フレーバー緑茶〉	040

Q16	ペットボトルの緑茶は急須で淹れた緑茶には敵わない？〈ペットボトルの緑茶〉 042
Q17	日本茶を淹れるにはお湯じゃなきゃダメ？〈水出し煎茶〉 044
Q18	日本茶の産地にはどんなところがあるの？〈日本茶の産地〉 046
Q19	急須がないとダメ？〈日本茶の道具〉 050
Q20	日本茶をおいしく淹れる方法ってある？〈日本茶の淹れ方〉 054
Q21	お茶の作法って、めんどくさそうなんだけど……。〈日本茶のマナー〉 056
Q22	日本茶のお茶請けはなにを出したらいい？〈日本茶のお茶請け〉 060
Q23	日本茶はどうやって保存したらいいの？〈日本茶の保存方法〉 062

2 中国茶

Q24	中国茶ってどんなお茶？〈中国茶の種類〉 066
Q25	中国の緑茶は日本の緑茶となにが違うの？〈中国緑茶〉 068
Q26	お茶屋さんで見かけた「明前西湖龍井獅峰特級」。これって一体なんて読むの？〈龍出茶・碧螺春〉 070
Q27	白茶ってなに？〈白茶〉 072
Q28	あまり馴染のない白茶だけど、どうやって淹れたらいいの？〈白茶の淹れ方〉 074
Q29	黄茶ってなに？〈黄茶〉 076
Q30	青茶って青色のお茶なの？〈青茶〉 078

Q		
31	烏龍茶の起源って？〈中国大陸の烏龍茶〉	080
32	岩茶って岩からできているの？〈岩茶〉	082
33	鉄観音茶は鉄分が豊富？〈鉄観音茶〉	084
34	あっと驚く風味の烏龍茶が飲みたい。〈鳳凰単欉〉	086
35	台湾高山茶ってどんなお茶？〈台湾高山茶〉	088
36	凍頂烏龍茶が花粉症に効くって本当？〈凍頂烏龍茶〉	090
37	蜜の香りの烏龍茶があるって本当？〈東方美人〉	092
38	はじめて飲むときにおすすめの台湾茶は？〈台湾烏龍茶〉	094
39	台湾烏龍茶の名前がわかりづらいのですが……。〈台湾烏龍茶の名前〉	096
40	紅茶ってイギリス原産なんじゃないの？〈中国紅茶〉	098
41	もらった紅茶が正露丸みたいな匂い。これはなに？〈正山小種〉	100
42	世界で一番有名な中国紅茶はなに？〈祁門〉	102
43	中国・台湾紅茶の味の特徴ってある？〈中国・台湾紅茶〉	104
44	黒茶ってなに？〈黒茶〉	106
45	ジャスミン茶はジャスミンの花や葉からつくられたお茶？〈ジャスミン茶〉	108
46	ジャスミン茶以外の花茶、再加工茶ってなに？〈花茶・再加工茶〉	110

| Q47 | お湯の中で花が咲く中国茶をもらったんだけど、これはなに?〈工芸茶〉 112 |

| Q48 | 八宝茶ってなに?〈八宝茶〉 114 |

| Q49 | 中国にも急須があるの?〈中国茶の道具〉 116 |

| Q50 | 中国茶を淹れるポイントってある?〈中国茶の淹れ方〉 120 |

| Q51 | 中国茶に合うお茶請けや、日本茶のようなマナーってある?〈中国茶のお茶請けとマナー〉 124 |

| Q52 | 中国茶ってどこで買ったらいいの?〈中国茶の買い方と保存方法〉 126 |

3 紅茶

| Q53 | 紅茶ってどんなお茶?〈紅茶の種類〉 130 |

| Q54 | 紅茶が冷え性に効くって本当?〈紅茶の効能・効果〉 132 |

| Q55 | ダージリンのおすすめの飲み方は?〈ダージリン〉 134 |

| Q56 | ミルクティーに合う紅茶は?〈アッサム〉 136 |

| Q57 | メントールの香りの紅茶があるって本当?〈ウバ〉 138 |

| Q58 | 私たちが飲んでいる紅茶はどこでつくられたもの?〈その他の紅茶〉 140 |

| Q59 | アールグレイってフルーツの香りの紅茶なの?〈アールグレイ〉 142 |

Q60	オレンジペコーってオレンジの香り？それとも味がオレンジなの？〈紅茶の等級〉 144
Q61	紅茶、中国茶、日本茶、それぞれの道具を揃えなきゃダメ？〈紅茶の道具〉 146
Q62	紅茶をおいしく淹れるコツは？〈紅茶の淹れ方〉 150
Q63	アイスティーをつくると、白く濁ってしまうんだけど……。〈アイスティーの淹れ方〉 152
Q64	チャイってなに？〈チャイの淹れ方〉 154
Q65	紅茶に合うちょい足しレシピを教えて。〈アレンジティー〉 156
Q66	紅茶と一緒に出すお菓子はなにがいい？〈紅茶のお茶請け〉 158

4 ハーブティー

Q67	ハーブティーのいいところってどこ？〈ハーブティーの魅力〉 162
Q68	ハーブをブレンドするときのポイントってある？〈ハーブのブレンド〉 164
Q69	スポーツドリンクのように飲めるハーブティーってある？〈ハイビスカス・ローズヒップ〉 166
Q70	胃腸が弱っているときはどのハーブティーがいい？〈カモミール〉 168
Q71	デトックス効果のあるハーブってある？〈アーティチョーク・ミルクシスル〉 170
Q72	ダイエットにおすすめのハーブってなに？〈エルダーフラワー・セージ・ヤロウ〉 172
Q73	とくに女性におすすめのハーブは？〈ジンジャー・ラズベリーリーフ・ローズ・ヒース〉 174

Q74	妊娠中に控えた方がいい ハーブはある？ 〈ハーブの禁忌〉　　　　　　176	Q5	コーヒー

Q75	ハーブティーってどうやって淹れるの？ 〈ハーブティーの淹れ方〉　　　178

Q82	コーヒーはなにからできるの？ 〈コーヒーノキ〉　　　　　　194

Q76	ハーブはどうやって 保存したらいいの？ 〈ハーブの保存方法〉　　　　180

Q83	すっぱいコーヒーが苦手。 酸味がないコーヒー豆はある？ 〈コーヒーの酸味〉　　　　　196

Q77	主なハーブの特徴と効能効果 〈ハーブの特徴・効能効果〉　182

Q84	コーヒー豆ってどうやって 選べばいいの？ 〈原産国・焙煎〉　　　　　　198

Q78	麦茶、黒豆茶、ごぼう茶、柚子茶も ハーブティー？ 〈茶外茶〉　　　　　　　　　188

Q85	おいしいコーヒーの条件ってある？ 〈おいしい条件〉　　　　　　200

Q79	苦丁茶ってどんなお茶？ 〈苦丁茶〉　　　　　　　　　189

Q86	どんなコーヒーミルがおすすめ？ 〈コーヒーミル〉　　　　　　202

Q80	黄山貢菊って変わった 名前だけど……。 〈黄山貢菊（菊花茶）〉　　　190

Q87	ペーパードリップ、 ネルドリップってなに？ 〈ペーパードリップ・ネルドリップ〉　203

Q81	薔薇ってきれいなだけじゃないの？ 〈玫瑰茶（薔薇花茶）〉　　　191

Q88	コーヒーを自宅で淹れる際の ポイントは？ 〈コーヒーの淹れ方〉　　　　204

Q89	家庭用コーヒーメーカーってどうなの?〈家庭用コーヒーメーカー〉 206
Q90	ティープレスでもコーヒーが淹れられるの?〈フレンチプレス〉 207
Q91	喫茶店に理科の実験装置みたいのがあったのですが……。〈サイフォン〉 208
Q92	持っていると便利な道具はある?〈その他の道具〉 209
Q93	エスプレッソってなに?〈エスプレッソ〉 210
Q94	カフェラテ、カプチーノってなにが違うの?〈カフェラテ・カプチーノ〉 212
Q95	アイスコーヒーのおいしい淹れ方ってある?〈アイスコーヒー〉 213
Q96	ベトナムコーヒーってなに?〈ベトナムコーヒー〉 214
Q97	100g、500円のブルーマウンテンを見つけました!これは買い?〈ブルーマウンテン〉 216
Q98	「このコーヒーおいしい!」と思ったときに、どんな表現を使えばいい?〈コーヒーのテイスティング〉 218
Q99	ブレンドコーヒーって?〈ブレンドコーヒー〉 220
Q100	コーヒーの保管で気をつけることは?〈コーヒーの保存方法〉 221

そもそもお茶って?

もちろん定義はありますが、日常ではもっとラフに使っていますよね。

世界中でもっとも親しまれている飲み物のひとつ「お茶」。定義としての「茶」とは、「茶樹」からつくられる加工食品。茶樹というのは文字通り「茶の樹」です。学名をカメリアシネンシスというツバキ科の植物で、そこから摘んだ芽や葉を加工したものを、本来は茶と呼びます。本来は、と書いたのは、今では生活のいたるところで「お茶」という言葉が用いられ、それは前述の定義を超えてもっと広く自由に使われているからです。カメリアシネンシスからつくられる「緑茶」「白茶」「黄茶」「青茶」「紅茶」「黒茶」、そして「花茶」やフレイバーティーはもちろん、それ以外の植物を使ったお茶(例えば麦茶やハーブティー、マテ茶、ルイボスティー)、コーヒーにいたるまで私たち日本人は「お茶」という名でそれらを楽しむことを知っています。「お茶にしましょうか」という言葉は温かな、ときには冷たい飲み物を仲介役としたコミュニケーションの手段として使われたり、ホッとひと息つくことの同義語として日常の中に溶け込んでいたりします。また、「茶」には「茶の湯」からなる美しい日本の様式をも含み、「お茶を習う」などといういい方もあります。このように厳格な定義とその周りにあるゆるやかなルール、そして文化や芸術の側面を共有しながら、わたしたちの生活にいつも寄り添っているもの。それが「お茶」なのです。

1 茶の定義

日本茶ってどんなお茶?

一般的には日本でつくられた「緑茶」のことです。
緑茶をベースにいろんな加工方法でできる茶があります。

緑 茶は、「茶の樹」から芽や葉を摘んだ直後に高温で蒸し、酸化酵素の働きを止めることで鮮やかな緑色に仕上げます。九州など一部の地域では炒る方法も用いられ、これを「釜炒り茶」といいます。中国式とも呼ばれ、中国大陸で広く見られる製法です。そのため、中国緑茶の項で改めて触れたいと思います。茶の樹をむしろなどで覆い、日光を遮ることで旨味成分を増した茶が「かぶせ茶」と「玉露」です。同じように遮光し、摘み取り後揉まずに乾燥させたものが「てん茶」。ほとんどは「抹茶」の原料として用いられるため個別にページは設けませんが、お茶漬けなどに使われることもあります。このてん茶の茎や葉脈を取り除き、臼で挽いたものが抹茶です。蒸してつくる茶は、蒸し時間の長短によって、「普通煎茶」と「深蒸し煎茶」などにわけられます。煎茶を選別し、そこからふるい落とされた葉や芽以外の部分は「出物」と呼ばれ、ちぎれた葉の先や小さな芽でできた「芽茶」、葉と芽を取った茎部分だけを使う「茎茶」、砕けて粉末状になったものを集めた「粉茶」があります。緑茶を炒った「ほうじ茶」や玄米を混ぜた「玄米茶」、また最近ではフルーツなどの香りを吸着させた「フレイバー緑茶」なども増えてきました。同じ日本茶でも色みや味、淹れ方は様々です。それぞれの茶の特徴は別項でもう少し細かく説明していきます。

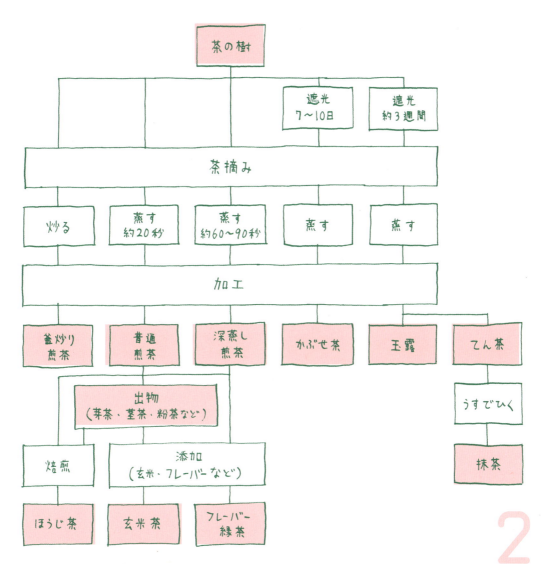

日本茶って体にいいの?

その秘密は、日本茶に多く含まれる「カテキン」にあります。

茶は養生の仙薬なり。延齢の妙術なり。鎌倉時代、日本に禅宗を広めたことで有名な栄西は、自身の著『喫茶養生記』でお茶の効能をこう書いています。彼がいうようにお茶は元々薬として伝わり、お茶を飲む習慣は長寿の秘訣だと数百年も前から信じられてきました。様々な生活習慣病が増加する現代、改めてお茶の効能に関する研究が世界中で盛んに行われています。世界的に見ると圧倒的なシェアを誇る紅茶に比べ、その3分の1にも満たない緑茶ですが、研究論文として報告されている数は全体の約6割にもなるほど注目を集めています。緑茶に多く含まれる「カテキン」がその理由です。体内の酸化的ストレスが、ガンや動脈硬化などの発症や進行に大きく関連していると指摘されています。この酸化的ストレスの原因となるのが活性酸素であり、これを抑える働きがあるといわれているのがカテキンなのです。さらに抗菌や抗ウィルス作用などの生理学的作用をもち、虫歯や風邪、インフルエンザ予防に効果がみられるという研究結果もあります。ホッとひと息のお茶には、ストレス軽減の精神的なメリットもあり、いくら飲んでも摂取カロリーはほぼゼロ。さらに前述したような様々な効能が得られるのですから、これを飲まない理由はひとつも思い浮かびません。もちろんティーバッグやペットボトルの緑茶にもカテキンはしっかり含まれるので、仕事の合間や運転中でさえ気軽にとれる、理想的な健康飲料といえるでしょう。

新茶、一番茶、番茶、いったいなにが違う？

新茶と一番茶は同じ意味だと思ってください。
問題は番茶なわけですが……。

夏も近づく八十八夜〜♪ 文部省唱歌「茶摘み」でうたわれる八十八夜とは立春から数えて八十八日目。歌の通り初夏を感じさせる、穏やかな陽気の5月はじめの頃を指します。場所や年ごとの気候によって最適日は変動しますが、八十八夜に前後してその年最初の茶「一番茶（新茶）」の摘み取りがはじまります。冬の間、茶の樹は眠ったように成長を止め、根や茎に栄養を蓄えます。この栄養分をたっぷり使って発芽するのが一番茶です。まだ気温が低く日差しも弱い春のはじめから、ゆっくりと時間をかけて成長することで旨味成分「テアニン」を豊富に含む茶ができあがります。一番茶を摘み取った後には夏がやってきます。強い日差しの下で茶は成長速度を早め45日前後で採取が可能になります。これを一番茶に対して遅い時期の茶「晩茶」から転じて「番茶」といいます。一番茶と比べ葉も固く、旨味成分も少なめです。「鬼も十八、番茶も出花」ということわざは、鬼でも年頃になれば美しく見え、番茶だって注ぎたてならおいしそうに香るという意味。一番茶に比べて品質の劣る茶というレッテルは拭いがたい立場ではありますが、価格も安く、茶の健康成分カテキンもしっかり含むという長所もあり、日常飲みのお茶としては優等生。もっと大きな顔をしていいお茶のひとつだと思います。地域によっては緑茶を炒った「ほうじ茶」を番茶と呼ぶところもありますが、ここでは区別しています。

いつも飲んでいるあの緑茶、
いったいなに茶なんだろう？

正確にはわかりませんが、煎茶の可能性が高いです。

日本茶の生産量のおよそ8割を占めているのが煎茶です。日本茶＝緑茶＝煎茶というイメージが定着しているように、日本茶の基本中の基本です。品種や産地、製茶方法などによって風味は異なりますが、爽やかな香りや渋味と甘味のバランスのよさは、どの煎茶にも共通しています。煎茶の淹れ方としてよく耳にするのが「上級茶は低めの温度でゆっくりと」というもの。要するに旨味成分が多い上質の茶は湯温を下げることで、高温で出やすい渋味成分を抑え、旨味をじっくり引き出してください、という意味です。では上級、中級、下級の違いはなんでしょう。少し乱暴ないい方になりますが、上級とは摘採時期が早いことがひとつの条件になります。いわゆる一番茶です。パッケージに「一番茶」「上級茶」などと書かれていたら、それはその年最初の時期の、旨味成分が高い茶だと判断してください。問題は中級以下です。これらの茶にわざわざ「これは下級です」と表示するお茶屋はいませんよね？「中級」「並級」だって見たことがないと思います。価格が100g数百円のものは、とりあえずお店の方に尋ねてみるのが一番確実です。ちなみに上級煎茶は70℃前後、中級で80〜90℃、深蒸し煎茶の場合は比較的温度に対して寛容ですが、カテキンが抽出されやすい80℃前後を目安にします。

「静岡のお茶はお茶じゃねぇ」って本当？

安心してください、お茶です。

こんな話がどこから来たのかというと、静岡で催されたお茶のイベントでのこと。京都から参加したお茶屋の重鎮が来場者を前に、地元・宇治の茶について語っていました。聴衆の反応もよく、弁に熱の入ってきた彼はとうとう「静岡のお茶はお茶じゃねぇ」といい出したのです。「深蒸しだかなんだか知らないが、あんなに粉々にしちゃって、なにしろ色がひどい」。聞いているこっちがドキドキしはじめた頃、聞きつけた地元静岡のお茶屋が「じじぃ、喧嘩売ってんのか？」なんていい出す始末。日本茶をつくる工程での「蒸し」の長さによる仕上がりの違いに端を発する出来事です。重鎮のいう宇治の煎茶は、「蒸し」の時間を最小限に留めることで、野の香りをほのかに残すような爽やかで繊細な風味。葉の形状を針のように保ち、抽出液は美しい山吹色です。一方、静岡で多く見られる「深蒸し煎茶」は、宇治の煎茶の2倍からときには3倍以上の時間をかけて蒸されるため、葉の繊維がもろくなり粉が出やすくなります。その代わりに青臭さのないまろやかな香り、そして深緑色から黄土色のとろりと甘いお茶ができあがります。風土や食生活、水質の違いによって、その土地土地に根づく製法。それらを飲み比べるのも日本茶の楽しみ方のひとつですね。ちなみに冒頭の一触即発状態、最終的にはお互いのよいところを褒め合うという大人な結末となりました。根本にあるのはお茶への愛とプライドなのですねぇ、きっと。

リラックス効果の高い
おすすめの日本茶はなに？

急須にお湯を入れる。

急須に入れたお湯を湯冷ましに移す。

湯冷ましに入れたお湯をさらに茶碗に移す。

敷居はちょっと高いですが、玉露はいかがでしょうか。

A 本料理や中華料理で「ダシがきいていない」というのは、「アミノ酸」として括られる「旨味成分」が足りない、という意味。世界の定説になっていた、四大味覚「甘味」「塩味」「酸味」「苦味」に、この「旨味」が加えられたのは近年のことです。発見したのは日本の学者で、現在でもこの第五の味覚を英語圏では「UMAMI」と表記します。お茶にはこの旨味の元であるアミノ酸の中でも、とくにテアニンという成分が多く含まれています。テアニンは脳をリラックスさせる作用があることでも知られています。さて、この旨味が世界でも類をみないほどたくさん詰まったお茶が日本にあるのをご存知ですか？「玉露」です。秘密は栽培方法にあります。収穫前の20日前後、太

4 玉露の茶葉を急須に入れる。

5 茶碗に入れたお湯を急須に移す。

6 茶碗に最後の一滴まで注ぐ。

これが本当にお茶!?

陽光を藁などで遮り光合成を抑制することによってアミノ酸が渋味成分のカテキンへ変化するのを抑え、茶葉中にテアニンを豊富に留めるのです。玉露がとろとろに甘くて、さらにリラックス効果が高いのはこのためです。この旨味をより引き出すために、煎茶よりもずいぶん低めの50〜60℃のお湯を使います。10gの茶葉にたった50ccのお湯を注いで、ゆっくりゆっくり2分以上蒸らしたらポタポタと湯呑みに移します。抽出された薄緑色の美しい液体は、これが本当にお茶なの？と驚くほどの旨味のかたまり。栽培にも淹れ方にも感じられる日本人らしい繊細さが、「茶」をこんなにも魅惑的な飲み物にしてしまうのです。

一石二鳥
そんな日本茶ってある？

かぶせ茶はどうでしょう。淹れる温度によって煎茶と玉露、
2種類のお茶を楽しめます。

玉露と同じように、かぶせ茶も茶摘み前の一定期間、直射日光を遮って栽培されます。これによって、渋味が少なく、旨味成分テアニンが多い茶ができあがります。玉露との違いはその遮光方法で、玉露が20日前後、畑全体に覆いをかけるのに対し、かぶせ茶はだいたい1週間ほど、茶の樹に直接覆いをかぶせます。煎茶ほど紫外線を浴びず、玉露ほどは遮光しないことで、その中間の性格をもったお茶に仕上げるのです。熱いお湯を使えば、煎茶のようなすっきりとした甘味と渋味を、低い温度なら玉露のようなこってりとした旨味を引き出せます。玉露と煎茶のいいとこ取りです。畑に専用の棚を組んで間接的に遮光し、手間のかかる手摘み茶も多い玉露に比べ、茶の樹そのものに覆いをかぶせ直接遮光し、ほとんどを機械で摘み取るかぶせ茶は価格も低めに抑えられます。通常、茶は風味の異なる複数の茶葉をブレンドする「合組」を経て完成します。そのときに能力を発揮するのがはっきりとした旨味の多いこの茶です。こんなに長所が多いのに、「かぶせ茶」と聞いてピンとくる人が、とくに関東以北で少ないのは、一見いいとこ尽くしの性格が、悪くいえばどっちつかずと捉えられ、僕らお茶屋も「かぶせは合組用」というイメージで、うまく皆さんに魅力を伝えきれていないからかもしれません。いずれにしても今後もっと人気が出ていいお茶だと思います。

値段が安くて頭がスッキリする日本茶ってある？

**芽茶です。凝縮された濃厚な味と香りで覚醒しましょう。
お値段もアウトレット価格です。**

芽茶とは、煎茶や玉露をつくる際、細かな粉や茎と同様、規格外としてふるい落とされる、いわゆる「出物」のひとつです。芽茶という名前から新芽だけを使ったお茶だと思われる方も多いのですが、そうではありません。煎茶や玉露は製造工程で揉みと乾燥を繰り返しながら、ピンとした針のような茶葉に仕上げていきます。しかし、水分の含有率が高くまだやわらかな小さな葉や、葉の先の部分などは、針状にならずにコロンと丸まってしまいます。それだけを取り除いて集めたものが「芽茶」です。ですから成分的に煎茶や玉露に劣るものではなく、むしろ小さな葉や、葉の先には養分がたまりやすいため、旨味や渋味などが濃厚に詰まった通ウケする茶といえます。台湾茶などと同様、小さく丸まった茶葉は表面積が大きいため、同じような見た目でも回数を淹れられるのが特徴です。濃いめに出やすい茶なので高級煎茶を淹れるように少し低めの70〜80℃のお湯を使い30〜40秒ほど蒸らすのがおすすめですが、熱いお湯でサッと数秒で淹れてもしっかりとした渋味が楽しめます。また、同じ「出物」と呼ばれる廉価版の茶の中ではカフェイン量も多いです。終わらせなきゃいけない仕事が深夜にまでおよびそうなときは、短時間でフルボディ、そして回数も出せる芽茶でもうひと頑張りできるはずです。「茎茶」や「粉茶」よりも、より煎茶や玉露の形態に近いため、あえて分別しない場合もあります。

茶柱が立つと縁起がいい？

確率でいえば極めて珍しいことです。
縁起がいいと思っていいのではないでしょうか。

碗の中に棒のような茶殻がスッと立つ「茶柱」。立つのは葉ではなく茶葉に混じった茎です。煎茶をつくる工程で取り除かれるのが普通で、最近では高精度分離器や色彩選別機によってほぼ完全に分別されます。運よく（？）煎茶の中に紛れ込めたとしても、今度は急須の細かな茶漉しで遮られ、湯呑みまで降りてくることはほぼ皆無となりました。手作業でふるいわけられた時代に比べると、近代茶柱のラッキー度はより高いといえるかもしれませんね。さて、選りわけられた茎部分は「出物」と呼ばれ、その名も「茎茶」として独り立ちします。ふるいから落ちた方の茶なので、一般的にはB級品として価格もグレードも低く扱われがちですが、よく考えてみてください。茶葉にはこの茎を通って養分が送られるのですから、おいしい成分だってしっかり抱え込んでいるのです。茎はアミノ酸を多く含むので甘味もあり、香りも高いのが特徴。高級な煎茶や玉露の茎では味も香りも高級茶のそれを感じることができます。宇治の高級煎茶や玉露の茎のように「雁音」という名がつけられ、誰もB級品とは呼べない確固たる地位を築いているものもあります。なにしろ、立ったら縁起がいいといわれる茶柱の元ばかりを使っているのですから、いわばラッキーの宝庫。手頃な価格で毎日たくさん飲みたい庶民派茶葉の代表格です。繊維質が多いので熱湯でもおいしく淹れられますが、高級玉露の茎茶などは玉露と同様に低めの温度で淹れましょう。

粉茶と粉末緑茶は違う?

はい、別物です。粉茶は製造過程で出てしまった粉状の茶、粉末緑茶は機械で緑茶を粉砕しパウダー状にしたものです。

お　寿司屋で「あがり」といえば、大きな湯呑みで出される熱々の緑茶のこと。カウンターに座る機会があったら、大将がお茶を淹れるのを見ていてください。急須なんか使わずに、竹の茶漉しに直接茶葉を入れ、ざざっと熱湯をくぐらせる様はいかにも江戸前。「のんびり急須でなんか淹れてられっかってんだ」なんて江戸弁が聞こえてきそうです。お寿司を食べた口の中をさっぱりさせてくれるこの茶は「粉茶」といいます。断面が多い分、成分が抽出されやすく、それを熱湯でざっと短時間で淹れるため、しっかり濃いのにすっきりした茶ができあがります。茎茶や芽茶と同じく出物(でもの)と呼ばれ、値段も安いのですが、煎茶や玉露に比べて茶の成分そのものが見劣りするものではありません。アウトレット的なお買い得品だと思っていいでしょう。茶漉しをすり抜けた細かな茶葉そのものもたっぷり湯呑みに入るため、普通なら茶殻の中に残ってしまう有効成分もしっかり身体に取り込めます。区別したいのは回転寿し屋によくある「粉末緑茶」。粉茶よりずっと細かいパウダー状で、見た目は臼で挽いた抹茶とほとんど同じです。お湯に溶けるので茶殻もでないし健康成分もたっぷり摂れるので近年人気のインスタントティー。スティックタイプのものもたくさん見かけます。

ほうじ茶って
家でつくれるの？

ほうじ茶の つくり方

1 緑茶をフライパンに入れ、火にかける。

茶色になるまで

2 茶色になるまでフライパンを振る。

甘く芳ばしい香り

3 甘く芳ばしい香りが立ち込めたらできあがり。

はい、簡単にできます。厚手のフライパンで緑茶を炒るだけです。

煎　茶をつくる最後の工程に火入れがあります。水分量を減らし保存性をよくするとともに、お茶の風味をまろやかで甘いものにします。目の前のお茶の状態をみながら最適な火入れ加減を調整していく。ここが職人の腕のみせどころです。この火入れの失敗が起源ともいわれるのが「ほうじ茶」。もちろん焦がしてしまうのはよくないけれど、ほどよく褐色に炒られた茶は、その芳ばしい香りが魅力。爽やかな煎茶とはまた別ジャンルの魅力をもつ日本代表級の一般大衆茶です。二番茶や三番茶、茎茶などを使ってつくられるので、低価格なものが多いのも嬉しいポイント。熱を加えることでカフェイン量が減り、胃への刺激も少ないといわれています。淹れ方はとってもシンプル。茶

ほうじ茶のいれ方

1 いつもの煎茶よりも見た目少し多めに急須に入れる。

2 急須に熱湯を注ぐ。

3 30〜60秒で湯呑に移す。

葉はかさのはるものが多いので、いつもの煎茶よりも、見た目少し多めに急須に入れたら、あとは熱湯を注ぐだけ。30〜60秒で湯呑みに移しましょう。玉露や煎茶に比べるとずいぶん格下のイメージがあるようですが、老舗の料亭でもほうじ茶を出すところは少なくありません。すっきりとした口当たりが食事にもよく合うからです。家でつくる場合は、緑茶を焦がさないように火加減を調節しながら、茶色くなるまでフライパンを振りましょう。水や油は使いません。甘く芳ばしい香りが立ちこめたら炒りたてほうじ茶のできあがり。プロのような味にはならなくても、ちょっとした職人気分が味わえます。

Q. 玄米茶をお客様に出すのは失礼？

玄米茶が生まれた背景が関係していて、格が低いと思われているからでしょう。

急須で日本茶を淹れましょう、というと茶葉の量やお湯の温度など、抽出条件を神経質なくらい気にする人も、「玄米茶」に関してはおおらかというか大雑把というか、ほとんどを目分量ですませていませんか？　そうそう、それでこそ庶民のお茶の代表格。茶道や煎茶道はあっても玄米茶道なんてものがないように、気にする形式も体裁もなく、ただおいしくたっぷり飲めることがこのお茶の魅力。煎茶や番茶などに炒った玄米を等分で混ぜたものがポピュラーで、緑茶の香りよりも玄米の芳ばしい香りがメインとなります。歴史は比較的新しく、第二次世界大戦の前後。京都のお茶屋が、お供えがすんだ鏡餅を開いて炒ったものを煎茶に混ぜたところ意外においしかったことから広まったという説がよく聞かれます。お察しの通り、物不足で茶の値段も高い中、かさを増すために考え出したアイデアだったのでしょう。このため、格でいうと煎茶よりも下とされ、例えばオフィスなどでお客様にお出しする際には適していません。とはいえ安価で、なにしろ半分が玄米なのでカフェインを気にされている方は、その量も半分に抑えられます。最近はきれいな色やお茶らしさを出すために、抹茶などを混ぜたものも見かけます。芳ばしい香りをうまく引き出すためにお湯は熱湯を使い、茶葉の量はかさがあるので見ため多めにします。

抹茶を家で簡単にいただく方法ってある?

粉にお湯を注いでかき混ぜて飲む、たったそれだけですよ。

　ケーキ、プリン、大福、ジェラート……。和洋問わずお菓子の材料になる頻度は日本茶の中でも群を抜いて多いほど身近なお茶なのに、いざ「点ててみましょう※」なんていわれると、ちょっと尻込みしてしまう「抹茶」。いきなり「畳の縁を踏まない!」みたいな厳格な作法を連想してしまうのは、「抹茶」=「茶道」のイメージが強いからでしょう。茶道とは単なる茶の淹れ方ではなく、心から客人をもてなしたいという強い想いが総合芸術へと発展したもの。その様式美ゆえの敷居の高さが、そこで扱われる「抹茶」にも「決まりごとが多いお茶」という印象を与えています。だけど本当はその他の緑茶と比べて特別難しいということはありません。玉露と同じ原料から葉脈を取り除き、揉まずに仕上げた「てん茶」を石臼で挽いて粉末状にしたものが抹茶です。お湯で溶いてまるごと飲むので、蒸らしただけでは溶け出さずに茶殻に残る栄養素も摂取することができます。茶碗に入れた2g程度の抹茶に80℃前後のお湯を60ccほど注いで融かします。茶筅があれば雰囲気が出ますが、箸でも大丈夫。しゃかしゃかとかき混ぜて細かな泡を立てたら、甘い甘いお菓子と一緒にどうぞ。きっと心の底から、ほっと幸せな気持ちになれるはずです。その後にゆっくりと点てたり味わったりする作法にも興味をもってみてください。それは日本人であることが誇らしく思えるほど、僕らの国に伝わる極めて美しい儀式なのですから。

※抹茶は「淹れる」ではなく「点てる」といういい方をします。

1. 気軽に点ててみよう

茶碗に抹茶を入れる。(2g程度)

2. お湯を入れ、よく混ぜる。
(80℃前後のお湯を60ccほど)

3. 細かな泡が立ったらいただく。

1. かしこまって点ててみよう

茶碗を温める。

2. お湯を捨て、抹茶を入れる。

3. お湯を注ぐ。

4. 茶筅を前後に動かし混ぜる。

5. 細かい泡が立ったら、「の」を描くように、茶筅を引き上げる。

6. 茶碗を左手にのせていただく。

フレーバー緑茶ってなに?

フルーツや花の香りなどをつけた緑茶です。

(柑) 橘系ベルガモットの香油で着香したアールグレイや、花の香りを吸わせてつくるジャスミン茶のように、後づけの香りを楽しむ紅茶や中国茶には寛容でも、日本茶に香りを……というと渋い顔をする方がまだ多くいらっしゃいます。でも、コーヒー牛乳や甘い甘い缶コーヒーから「コーヒー」をスタートするのと同じように、日本茶の入り口としてフレーバー緑茶があるというのは、裾野を広げる意味でも決して悪くないなぁと個人的には思っています。P16で詳しくお話ししたように、日本茶にはカテキンをはじめ、健康によいとされる様々な成分が含まれています。それらの有効成分が着香によって阻害されることは一切ありません。老舗のお茶屋では見かけることがまだ少ないかもしれませんが、雑貨店やネットショップではずいぶんおなじみになりました。りんごやグレープフルーツ、巨峰、さくらんぼなどのフルーツの香り以外に、栗や黒蜜きなこ、ハチミツ、キャラメルなどの香りもあります。淹れ方はベースになっている茶葉によって違いますので、この章の「煎茶」や「ほうじ茶」のそれぞれの淹れ方に準じてください。香りの印象が強い分、忘れられがちなのが茶葉の品質。良質な茶を使ったフレーバー緑茶は、華やかな香りの奥行きとして、お茶そのもののふくよかな甘味や旨味も感じることができます。また、甘い香りの緑茶なら、お砂糖を控えているダイエット時のサポートにもひと役買ってくれるはずです。

ペットボトルの緑茶は
急須で淹れた緑茶には敵わない？

風味や趣は急須のお茶が一歩リードですが、どこでも買えて、すぐ飲める、持ち運びにも便利という点でペットボトルも大変優れています。

缶やペットボトル入りの緑茶はリーフのお茶と区別するため「緑茶飲料」と呼ばれます。いまやペットボトル飲料の中では群を抜く人気のアイテムですが、実はこの緑茶、世に出てきたのは、紅茶やウーロン茶よりも遅く、数年後になってからのことでした。その理由は「酸化」です。抽出された緑茶はカテキンの成分変化によって数時間で色や味が劣化してしまいます。それを抑えるために空気を抜いたりビタミンCを加えたりの試行錯誤を経て、現在の澄んだ風味の緑茶飲料ができあがりました。ペットボトルの原料表示に緑茶と並んで必ずビタミンCの表記があるのはそういう理由です。そしてもうひとつ、ホットの緑茶飲料には新たな課題がありました。冷蔵で置かれることの多い通常の緑茶飲料よりも高温保存によって酸化の可能性が高くなるのです。ペットボトルは微粒子レベルでは空気を通す素材なので、それを防ぐために通常のペットボトルよりも幾重にも厚く加工されたボトルを使用します。キャップがオレンジ色、というだけでなくボトルにも違いがあるのです。ちなみにホット用のペットボトルでも電子レンジなどで温めることはできません。冷めてしまったお茶を温める際は容器に移して加熱してください。キャップがついているため、飲みかけをついつい放置してしまうことも多いのですが、一度口をつけた飲料は雑菌が繁殖するので、なるべくなら冷蔵庫に入れ、その日のうちに必ず飲み切りましょう。

日本茶を淹れるには
お湯じゃなきゃダメ？

1

水1リットルに大さじ2〜3杯の茶葉。

2

冷蔵庫に入れ、1〜2時間放置。

いいえ、水でもいいですよ。

元々、お湯で煎じて淹れることからその名がついたといわれる煎茶。漢方では涼性といわれて、身体に溜まった熱を払う作用があるとされています。気温の高い日に熱い煎茶を飲むと、さっぱりと汗がひく感覚があるのはそのせいです。とはいえ、夏には暑くてお湯を沸かすのも嫌！という気持ちもわかります。ついペットボトルの冷たいお茶を買っちゃいそうになりますが、もっと安上がりに、なおかつ自分好みの風味にするために、冷茶を自宅で淹れてしまいましょう。つくり方はすごく簡単。水1リットルに大さじ2〜3杯の煎茶を入れて、冷蔵庫で1〜2時間ほおっておくだけ。茶の種類によって抽出時間が異なるので、途中で味見をして薄いなと思ったら時間を延ばすか

ゆっくり回して 茶葉が沈むのを待つ。

あとはごゆっくりお楽しみください

茶葉を足します。熱いお湯に溶け出すタンニンという苦味や渋味の成分が、水ではほとんど抽出されないため、浸しすぎたからといって必要以上に苦くなることはありません。寝る前に冷蔵庫に入れておけば、あとはなんにもしなくても翌朝には甘くおいしい水出し冷茶ができあがっています。ポイントはグラスに注ぐ前に、沈殿しているお茶の旨味が全体に広がるよう、ゆっくり優しくくるくる容器を回してあげること。茶漉しを使わない場合は、水の中で舞い上がった茶葉がまた底に沈むのを待って、静かに器に注いでください。市販の水を使う場合は硬度の表示に気をつけて。0〜100mg/l未満の軟水がお茶には適しているといわれています。

日本茶の産地には
どんなところがあるの？

日本一の生産量を誇るのは静岡県。
つづいて鹿児島県、三重県……。

ひと口に日本茶といっても、南北で気候の差がある日本では、北は秋田から南は沖縄まで、それぞれの土地で特徴のある茶がつくられています。もともと茶は亜熱帯性植物であるため、年間を通じて暖かく雨の多い土地での生産が適しています。日本茶の一大産地として名を馳せている静岡県の生産量は日本全国の40％以上を占めています。中でも南部に位置する牧之原台地は、周りに高い山も少ないため日照時間が長く、冬でも雪がほとんど降らないこともあり、温暖な気候を好む茶には居心地のよい土地です。ただ、北部の山間部のように、霧によって直射日光が遮られるような土地でつくられる茶と比べると、葉が肉厚になり苦味渋味の成分も育成されやすくなります。そのため製茶の工程の中の「蒸し」の時間を長く取ることで甘くまろやかな風味をもつ「深蒸し煎茶」をつくり上げました。日の光、湿度、土のにおい（質）、水の清らかさ、そんな自然の様々な条件が茶を育て、人はその茶をいかにおいしくいただくかを長い時間をかけて模索してきたのです。いろんな土地から誕生した個性豊かなお茶をご紹介していきます。

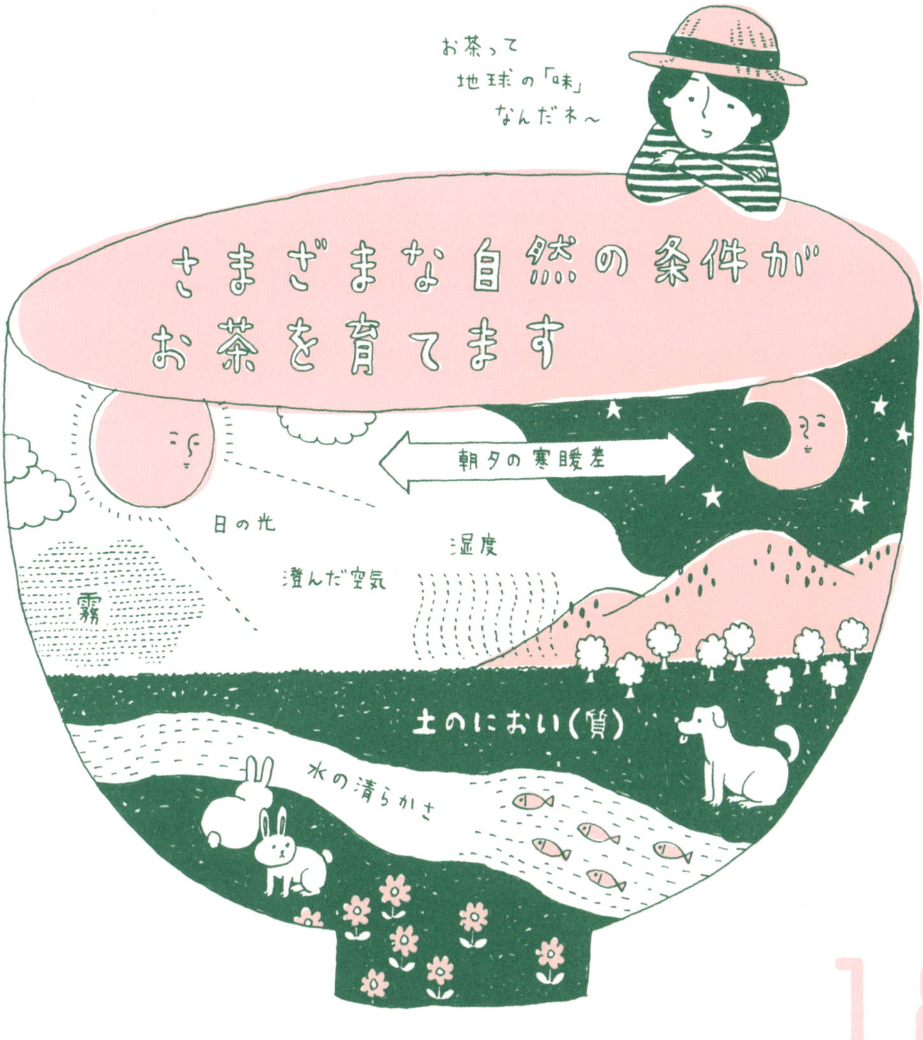

お茶って地球の「味」なんだネ〜

さまざまな自然の条件がお茶を育てます

← 朝夕の寒暖差 →

日の光
澄んだ空気
湿度
霧
土のにおい（質）
水の清らかさ

P047 日本茶 日本茶の産地

18

いろいろな土地から誕生した個性豊かなお茶

狭山茶など
埼玉県

狭山には「色は静岡、香りは宇治よ、味は狭山でとどめさす」という茶摘み唄がある。「狭山火入れ」といわれる乾燥時の比較的強い火入れにより、高い香りが立ち、甘く濃厚な味わいになる。

本山茶・掛川茶・川根茶など
静岡県

全国第1位の生産量を誇る。安倍川水系を中心に良質なお茶の産地が点在。南部では深蒸し、北部山間部ではさわやかな香りの高級煎茶がつくられている。

伊勢茶など
三重県

全国第3位の生産量。味も香りもしっかりとした煎茶とともに有名なのが、被覆して玉露のような旨味を強調する「かぶせ茶」。スイーツなどに利用される加工用原料茶としてのシェアは全国1位を誇る。

宇治茶など
京都府

宇治田原は煎茶発祥の地といわれ、昼夜の寒暖差や山間部に立ちこめる霧など、最高のお茶ができる条件が揃っている。抹茶、高級煎茶など、香りが高く甘味のある味わいのお茶が多く、日本最高級ブランドのひとつ。

八女茶など
福岡県

お茶の生産には抜群の条件を兼ね備えた土地のひとつで、最高級玉露が数多くつくられている。

知覧茶など
鹿児島県

全国第2位の生産量。地理的に茶摘みが日本でもっとも早く行われる場所のひとつで、毎年4月中旬にはいち早く新茶を楽しめる。コクがあり甘い香りが特徴。品種改良などにより、近年とくに評価をあげている生産地。

急須がないとダメ？

ダメなことはもちろんありませんが、
急須でお茶を淹れている姿って美しいですよ〜。

（実）家の戸棚にひとつや2つは必ずあった急須。今はどうですか？ 自分で急須を買ったことがないという人はおろか、急須になんか触ったことがない、という人もいるくらい世の急須離れは進んでいます。紅茶の国イギリスで、実は圧倒的にティーバッグが主流なように、日本でも急須でお茶を淹れるという習慣はますます薄れていくでしょう。たしかに湯呑みと茶漉しがあれば、たいていのお茶はそれなりに淹れられるのも本当です。ティーバッグならカップとお湯だけ、ペットボトルのように小銭さえあればすんでしまうお茶の飲み方だってあります。そこをあえて、急須を温めるところから順を追って、いろいろな手続きの後にようやく湯呑みに注がれるお茶を飲むという選択。

リーフのお茶を習慣的に淹れるためには、急須だけでなく、茶を保存するための茶筒や缶、その他いろんなものが必要になってきます。それを面倒だなぁと思いますか？ それとも楽しそう！ と考えますか？ お茶は気軽な飲み物である反面、日本では長い歴史の中で精神修養的な要素をもって受け継がれてきた趣向品でもあります。「お茶を淹れるための専用の道具をもつ」ということは、それを通じて文化の片鱗に触れるような、お茶のもうひとつの大きな魅力なのです。細やかさと美しさにかけては世界屈指の充実ぶりなのが日本の茶道具。まずはお気に入りをひとつ手に入れてみる、それがこれからはじまるお茶ライフの入り口です。

急須

取っ手が握りやすく、いつも淹れる量に合わせた大きさのものを選ぶ。茶こしの種類もいろいろとあるが、茶葉が開きやすい急須一体型で、目の細かいものがおすすめ。

横手型

注ぎ口に対して直角に取っ手がついたもの。

上手型

上部に取っ手がついたもの。容量の大きなものが多い。

後手型

注ぎ口に対して反対側に取っ手がついたもの。中国茶器やヨーロッパのティーポットによく見られる。

宝瓶

取っ手がついていないもの。玉露など低い温度で抽出するお茶で使われる。最後の一滴まで注ぎきりやすいため「絞り出し」とも。

湯のみ茶碗

見た目や質感でピンときたものがよい。高級茶は小さめのものに淹れることが多いので、大小様々な茶碗があると使いやすい。

（湯呑み）
形も素材も様々なものがある。

（長湯呑み）
容量の大きな湯呑み。番茶やほうじ茶、玄米茶など向き。

（煎茶碗）
煎茶を味わうための小ぶりで上品な茶碗。

（蓋つき茶碗）
改まった席で出されることが多い。ふたがあるのでオフィスなどでも重宝する。

湯冷まし

お湯の温度を調整するときに使う。上級煎茶や玉露などを低めの温度で淹れる際、この器に一度お湯を移すことで約10℃湯温が下がる。

茶さじ

茶葉を急須に入れる際に使う。茶筒の中に納まる大きさのものが使いやすい。バリエーションが豊富で衝動買いをそそられるかわいらしいものが多数。

茶托

湯呑み茶碗をのせる受け皿で、お客様をおもてなしする際の必需品。お茶請けものせられるひとまわり大きなプレートタイプや冷たいグラスにも使える布タイプなど、色んな種類がある。

茶こし

茶殻が湯呑み茶碗に入るのを防ぐために使う。日本茶の急須には内蔵されているものが多い。急須がない場合や粉茶を淹れるときにも重宝する。竹製は風情があるが、手入れが簡単なのはステンレス製。

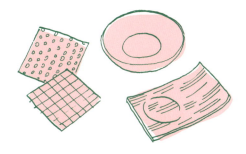

竹製

ステンレス製

茶筒

お茶を保管する容器。ふたに密閉性のある金属製がおすすめ。金属に和紙を貼ったものや木製の容器の内側を金属で加工してあるものなど、種類は様々。

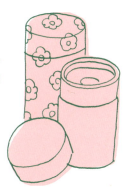

日本茶をおいしく淹れる方法ってある？

ポイントはお湯の温度と、急須を温めることです。

日本茶の章では、お湯の温度に関するアドバイスが何度も出てきました。上級の茶は低めでとか、廉価な茶は熱湯で……など。これは日本茶を構成するいくつかの主要成分がお湯に溶け出す性質の違いを上手に利用するための方法なのです。旨味や甘味を受けもつアミノ酸と、苦味や渋味のカテキンは、茶によって含まれる割合が違います。上級の茶にたっぷり含まれるアミノ酸は、低い温度からお湯に溶け出します。一方、カテキン類は上級茶、下級茶両方に多く含まれますが、高温で溶け出しやすい性質をもちます。つまり旨味をたっぷり含んだ上級茶を熱湯で淹れると、苦渋味成分も多く抽出してしまい、せっかくの濃厚な旨味を台なしにしてしまうのです。かたや廉価な茶はアミノ酸をあまり含みません。そのため、熱いお湯を使って香りやさわやかな苦味を楽しむというわけです。購入する茶の適温についてはお店で聞いてみるのが一番いいでしょう。どんなお茶を淹れるときでも、まず水道水の塩素などを発散させるために、お湯は一度沸騰させてください。そのお湯をそれぞれの茶の適温になるまで冷ましてから注ぎます。ここで守ってほしいルールは、沸かしたての熱湯で急須を温めるということ。これには殺菌の意味と、お茶の温度を下げないという目的があります。器をひとつ移動するごとに、お湯の温度は5～10℃下がるといわれます。せっかく狙った温度でお茶を淹れようと思っても、温まっていない急須にお湯を注いだのでは設定より低いお湯を使ったことになってしまいます。

ポイント1

沸かしたての熱湯で急須を温める。

ポイント2

水道水の塩素などを発散させるため、お湯は一度沸騰させる。

ポイント3

購入する茶の適温についてはお店で聞くのが一番。

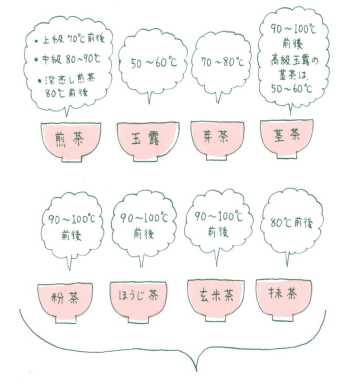

- 上級 70℃前後
- 中級 80〜90℃
- 深蒸し煎茶 80℃前後

煎茶

50〜60℃

玉露

70〜80℃

芽茶

90〜100℃前後 高級玉露の茎茶は、50〜60℃

茎茶

90〜100℃前後

粉茶

90〜100℃前後

ほうじ茶

90〜100℃前後

玄米茶

80℃前後

抹茶

お茶の作法って、
めんどくさそうなんだけど……。

知っていて損はありません。おもてなしをする側、される側の
簡単なマナーを覚えておきましょう。

作法なんか気にしないでお茶を気軽に楽しみましょう、というのがこの本のテーマです。ただ、訪問先の応接室で、いかにも丁寧に淹れられた煎茶をふたつきの茶碗で出される、なんてシチュエーションは普通にあり得る事態です。逆に出す側の立場になることも。ここではごくごく基本的な作法をお話します。きっといつか役に立つと思います。おもてなしを受ける場合のポイントは2つ。「両手を使う」、「口にするとき以外は茶碗と茶托は一体にする」。順序はこんな感じ。①茶托に左手を添えて、右手でフタをはずす。②このときふたについた水滴は、茶碗にほんの少し触れるように右手前にふたを回し茶碗のふちで切ります。③ふたを右側に「裏返し」に置きます。ふたは両手で持ちましょう。④テーブルが近い場合は茶托に左手を添えて、右手で茶碗だけ持ち上げます。持ち上げたらすぐに茶碗の底に左手を添えましょう。⑤香りや味を確認しながら、冷めないうちにいただくのもマナーです。⑥飲み終えたら、茶碗を茶托に戻し、両手でフタを戻しましょう。おもてなしをする場合は次の通りです。①テーブル席にお茶を持っていき、お盆を一度テーブルに置きます。②お菓子がある場合は先にそれを全員の前に置いてから、次にお茶を配ります。③お出しする順番はお客様からが鉄則、中でも今日の主賓が座る上座からスタートします。このときのポイントは「両手で音を立てずに」です。④茶器に柄がある場合は、ふたと茶碗の柄を合わせ、お客様に正面を向けます。いろいろ柄があって、どこが正面かわからない場合は自分が一番華やかだと思うところで大丈夫。木目のある茶托の場合は木目をお客様と平行におけば完璧です。

おもてなし される場合

茶托に左手を添えて、右手でふたをはずす。

このとき、ふたについた水滴は、茶碗にほんの少し触れるように右手前にふたを回し茶碗のふちで切る。

ふたを右側に「裏返し」に置く。ふたは両手で持つ。

テーブルが近い場合は、茶托に左手を添えて、右手で茶碗だけ持ち上げる。持ち上げたらすぐに茶碗の底に左手を添える。

香りや味を確認しながら、冷めないうちにいただくのもマナー。

飲み終えたら、茶碗を茶托に戻し、両手でふたを戻す。

おもてなし する場合

1

テーブル席にお茶を持っていき、お盆を一度テーブルに置く。

2

お菓子がある場合は、先にそれを全員の前に置いてから、次にお茶を配る。

3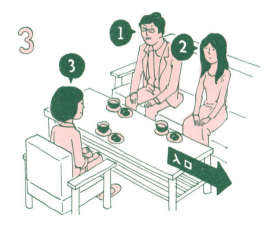

お出しする順番は、お客様からが鉄則。中でも今日の主賓が座る上座からスタートする。

4

茶器に柄がある場合は、ふたと茶碗の柄を合わせ、お客様に正面を向ける。

日本茶のお茶請けはなにを出したらいい？

濃い味のお茶には生菓子、あっさりめのお茶には干菓子がおすすめです。

お茶請けは、お茶と一緒にいただくお菓子やちょっとつまめるもののことを指します。この「請け（受け）」という言葉には一般的な「依頼を請ける」「郵便を受ける」のようにキャッチやレシーブという意味の他に、掛け軸などを固定する「軸請け」など、なにかを持ち上げ支えるという意味もあります。「お茶請け」といういい方はお茶を支え引き立たせるという役目を表しているのでしょう。これといったルールはありませんが、玉露や抹茶、深蒸し煎茶など濃厚な味わいのお茶には羊羹や練り切り、まんじゅうなど、水気の多い生菓子を。ほうじ茶や番茶などすっきりとした清涼感のあるお茶にはせんべいやおかき、落雁など、水気の少ない干菓子がよく合います。お茶請けは、苦味を中和したり、繊細な香りの邪魔をせずに口の中をリセットできるものが理想です。洋菓子派やお新香派の人もいらっしゃいますよね。トロリと点てた深い色の抹茶に、ビターチョコレートなんて組み合わせも絶妙。茶道で少し改まって供されるお菓子には季節や時勢を反映した、彩りの美しいものが多いのも魅力です。夏はくずを使って、冷水を連想させる透明感のあるお菓子なども並び、その形や色を見ているだけでも風情を感じます。いずれの場合もお茶の味を変えることがないよう、油を使わないものが基本です。

濃い味のお茶には **生菓子**

羊羹

練り切り

まんじゅう

豆大福

さくら餅

串団子

あっさりめのお茶には **干菓子**

せんべい

おかき

落雁

金平糖

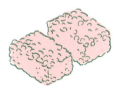
おこし

甘納豆

22

日本茶はどうやって保存したらいいの？

<u>密閉して室温保存してください。</u>

（高）温多湿の場所を避け、冷暗所にて保管してください。お茶のパッケージにある品質表示ラベルにはたいていこんな表記があります。うんうん、と一度は納得しますが、よく考えると一般家庭で「高温多湿でない冷暗所」ってどこのことなんでしょう？ 茶の大敵は「酸素」「湿気」「高温」「光」「におい」。これら全部を避けなさい、と短く表したのが上の記述なのです。暗くて冷たくて湿気の少ない場所と聞いて真っ先に思い浮かべるのは冷凍庫や冷蔵庫でしょうか？ たしかに未開封の茶を長期間保存するのには適しています。ただ、それならば「冷蔵庫で保管してください」と書かれているはずですよね。そもそもこの「冷暗所」というのは昔の納屋のことを指した名残りで、風通しのいい一時的な貯蔵場所という意味をもちます。居住空間と比べ極端に冷たい場所、ということではありません。冬の寒い日、暖かい室内に入ったとたん眼鏡が真っ白に曇るように、冷蔵庫で冷やされた状態から、急に室温で封を切られたお茶は、吸湿して急速に劣化します。ちなみに僕は個人的な茶葉を冷蔵庫で保存することはほとんどありません。袋入りの茶は、開封口をクルクルっと丸めてクリップでとめ、しっかり密閉できる缶に入れて室温保存。少量をこまめに使い切り、たくさんのお茶を貯めておかないようにしています。まとまった量の緑茶をいただいたりして、ご家庭で冷蔵冷凍保存する場合はゆっくりと室温に戻してから開封してください。

冷蔵庫

未開封の茶を長期間保存するのに適している。

ただし出すときは、ゆっくりと室温に戻してから開封する。

三宅さん方式

開封口をくるくるっと丸めて、クリップでとめる。

缶に入れて、室温保存。少量をこまめに使い切る。

中国茶ってどんなお茶？

歴史や種類がありすぎて、ひと言で表すのは難しいですが、あえていうならば世界中のお茶の元祖です。

現在、世界中に広がった茶は、今の雲南省(うんなんしょう)にあたる一帯が起源といわれています。茶の発祥地である中国では実に様々な種類の茶がつくられ、台湾や少数民族地域の茶まで含めると、その数は数百とも数千ともいわれます。近年では、このたくさんの茶を6つの色を用いてわけるのがポピュラーとなりました。茶の樹（カメリアシネンシス）から摘まれた芽や葉であるということを原則として、その後の製造方法によって分類されます。まずは「緑茶」。実は中国大陸で生産・消費されているほとんどがこの茶です。日本の緑茶とはつくり方が少し違いますが、基本的には中国も緑茶の文化をもつ国といって差し支えないでしょう。その他に「白茶」、「黄茶」という茶があり、烏龍茶は「青茶」に含まれます。中国でも南の地域、そして海をわたった台湾では烏龍茶の文化が色濃くなります。それから皆さんもよくご存知の「紅茶」。ダイエットに人気のプーアル茶は「黒茶」といいます。この6つの他に、花の香りなど、茶以外のものを加えた茶を「花茶」と呼び、「再加工茶」に分類されます。お湯に入れると水中花のように花が現れる「工芸茶」もそのひとつ。一方、長い歴史の中で薬草として用いられ、便宜上「茶」と呼ばれるものでも、前述の「カメリアシネンシス」を原料としないものは茶と区別するために「茶外茶」といいます。

※2014年、中国政府により施行された茶葉分類では「青茶」がなくなり、「烏龍茶」となりました。ただ、現在も「烏龍茶」を「青茶」と分類するのが一般的です。

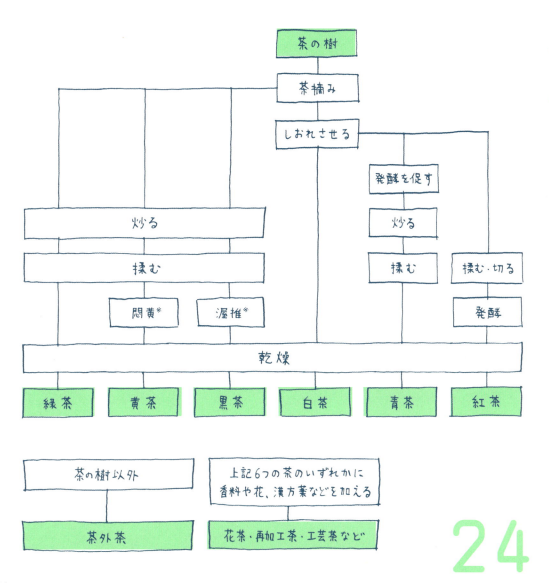

※悶黄＝茶葉を紙で包み、湿った布をかぶせ数十分〜数時間おくことによって、湿度と熱の作用で酵素によらない発酵をし、黄色の茶葉ができあがること。
※渥堆＝茶葉を積み、水をかけ、適切な温度湿度の環境のもとで、微生物と酸化酵素の作用で発酵させること。熟茶で行われる。

中国の緑茶は日本の緑茶と
なにが違うの？

同じ緑色のお茶ですが、製造工程が少し異なります。

多くの茶がつくられている中国で一番親しまれているのが緑茶です。日本の緑茶同様、茶の樹から摘んだ芽や葉をすぐに強く熱して酸化酵素の活動を止める「不発酵茶」に属します。ただし、酵素の活性を壊す作業が日本茶では高温の蒸気を使う「蒸し」で行われるのに対し、中国茶ではほとんどの場合高熱の金属に触れさせる「炒り」という方法を用います。蒸した茶は味がしっかりと濃く出るのに対し、炒った茶は香りが高いのが特徴です。中国でも明の時代以前は蒸す方法が主流でしたが、よりシンプルで甘く香る茶が好まれるようになるにつれ、この形へと変化していきました。各省で様々な特徴をもつ緑茶がつくられていて、茶葉の形を眺めるだけでも楽しめます。とくに浙江省、安徽省、江西省の3省は生産量も多く、もっともすぐれた産地といわれています。日本茶に馴染んだ味覚では、ともすれば淡白に感じる中国緑茶ですが、姿形の美しさや芳ばしく甘い香り、飽きのこない風味は、趣味として楽しむにあたっても限りなく魅力的です。日本の緑茶同様、カテキンなどの健康成分も豊富に含まれています。

お茶屋さんで見かけた「明前西湖龍井獅峰特級」。これって一体なんて読むの?

「みんぜん さいころんじん しほう とっきゅう」といいます。

中国緑茶は早春、新鮮な芽や小さな葉をひとつひとつ指先で摘んだものが最高級品とされます。贈り物文化の根強い中国では「茶を買う人は茶を飲まない、茶を飲む人は茶を買わない」と揶揄されるほど、とくに高級茶を贈り合うよき習慣があります。その中でもっとも有名なのが緑茶の代表格、「龍井茶」です。二十四節期の「清明（4月5日頃）」以前に摘まれた茶には「明前」の名を冠し、中国杭州の西湖西側にある龍井村でつくられたという証の「西湖」、そしてさらにピンポイントで「獅峰」という産地名など、高級品になればなるほど、ネーミングも長くなります。淹れる器は蓋碗が向いています。パラパラと茶葉を入れたら、少量の湯で茶葉に湯が浸透するのを待ちましょう。甘い栗のような香りを楽しみながら、2〜30秒後に残りの湯を注ぎます。1分程度で飲み頃です。もうひとつ、龍井茶と並ぶ銘茶として名高いのが「碧螺春」です。最良質の碧螺春は、お湯をそっと注ぐと微かに柑橘香が漂います。龍井茶と同様、春の早い時期のお茶が優良で、江蘇省の呉県太湖の湖畔に位置する洞庭山でつくられたものを最上とします。このお茶は新芽が産毛に包まれているためお湯に浮かびやすいので、先に器にお湯を注いで、上からふわりと茶葉を投げ入れます。少しずつお湯を吸い、ゆっくり茶葉が沈む様子を見ながら抽出されるのを待ちましょう。

 白茶って なに?

摘んだ芽や葉をしおれさせて乾燥させるだけという極めてシンプルな茶です。

白茶は福建省(ふっけんしょう)の特産品で、茶全体の生産量の中では1％にも満たないほどの珍品です。茶の中でも唯一揉むという工程がないため(P67)、自然のままの形状をとどめています。新芽が柔らかな産毛に包まれ白く見えることから「白茶」と名づけられました。白茶の最高峰である「白毫銀針(はくごうぎんしん)」は、銀白色の産毛に包まれた新芽だけを、均一の大きさで丁寧にそっと摘み取ってつくられます。他の白茶は日光で葉をしおれさせるところを、白毫銀針は月の光を使うという伝説があるほど、繊細で美しいイメージです。芽だけ、しかも蒸したり炒ったりしていないお茶の味はかなり淡白で、はじめて飲む方は「薄くて、ぼんやり」の印象をもたれるかもしれません。ただし、余韻としての上品な甘味が強く、上質なものは高原の空気を胸いっぱいに吸い込んだときのような清涼感があります。淡い色の紅茶のような優しい風味です。いろいろな茶をひと通り試した人が行き着く茶のひとつでもあります。「白牡丹(はくぼたん)」と「寿眉(しょうめい)」も有名な白茶です。小さな新芽だけを使う白毫銀針に対し、ひとつの新芽と2～3枚の葉でつまれるのが特徴です。白毫銀針で使われる新芽よりも大きくなったものや、葉や茎が混ざることから、白毫銀針の規格外品なんていじわるないい方をする人もいますが、希少価値以外なんら劣るところはありません。葉や茎を含む分、風味がしっかりしていて、「格の白毫銀針、味の白牡丹(寿眉)」といわれるくらいです。価格も安く、香港ではレストランで食事と一緒に多く出されています。

あまり馴染のない白茶だけど、どうやって淹れたらいいの?

1

耐熱グラスに茶葉を入れる。

2

80度前後の湯を茶葉がひたひたになるくらい注ぐ。

3

1分ほど茶葉を潤わせる。

コツは低めの温度で時間をかけて蒸らすことです。

 緑　茶や烏龍茶（ウーロン）など、ほとんどの茶をつくる手順の中には、圧力をかけながら茶を揉み、成分を出やすくする目的で行われる「揉捻（じゅうねん）」という作業があります。白茶にはこの工程がないため、しっかり抽出させるためには、時間をかけて蒸らす必要があります。また、白茶は他の茶に比べアミノ酸が多く含まれるため、低めの温度で抽出されるこの成分の特性を活かして、低温で蒸す方法が好まれます。甘いお茶が好きな方は、70～80℃の湯で5分以上蒸らしてみてください。白毫銀針のように新芽の多い茶を熱湯で長時間蒸らすと、まだ繊維の柔らかな芽が煮えた状態になり、このお茶の魅力である透明感が失われます。こんなときはフタのある急須ではなく、湯の温度が下がりやすいガラスの器を使うといいでしょう。おすすめは、耐熱グラスに茶葉を入れ、2度にわけて

湯を淹れる方法です。80度前後の湯を茶葉がひたひたになるくらい注ぎ、1分ほど茶葉を潤わせたら、再度グラス8分目まで湯を注ぎ足し、さらに4〜5分蒸らしてください。茶葉は湯200ccに対し5g程度です。白茶は、中医学では「清涼性」という分類にあたり、身体を冷やすことなく、余分なほてりやのぼせを取るといわれています。がんの予防や解毒、歯痛にも効果的です。白毫銀針にいたっては麻疹の子どもの熱を下げるともいわれています。時間を経たものほど、その効果が高いとされ、「1年目は茶、3年目は薬、7年目は宝」とも。また、その成分にアンチエイジングや美白作用があるとして、日本やヨーロッパでもとくに若い女性を中心に感心を集めています。

黄茶ってなに？

その名の通り、茶葉もお茶の色も黄色い茶です。

日本人の私たちはもとより、本場中国のお茶好きでさえ、このお茶を常飲しているという人はほとんどいないといっていいでしょう。中国茶の分類の中では生産量も流通量も一番少なく、本来の風味が「こうだ」と説明できる人も、ごくわずかだと思います。それでもこのお茶が6大分類のひとつに数えられているのには理由があります。それは歴史の中で長きにわたり皇帝に献上されてきた銘茶だということ。そして、その製法が他の茶とはっきりと違うこと。うやむやにするには歴史的実績がありすぎるし、他の5分類に含めてしまうには製法が特徴的すぎるのです。基本は他の茶と同様、摘む、炒る、揉む、乾燥という工程なのですが、その間に「悶黄（もんおう）」という手間のかかる作業がひとつ加わります。簡単にいうと紙に包んで、軽く蒸らすようなイメージです。このお茶の最大の特徴であり、ここで深みのある独特の風味がつくり出されます。ポリフェノール類がそっと酸化して茶葉や抽出されるお茶が黄色く見えることから、黄茶という名がつきました。とくに有名なのは「君山銀針（くんざんぎんしん）」という新芽のみを摘んでつくられる黄茶です。ただしこの茶、生産量は年間1トンにも満たないにも関わらず、市場では比較的見つけやすい黄茶でもあります。どういう意味かおわかりになりますか？ もしもこのお茶が100g数千円程度で売られていたとしたら、それは単に劣化して黄色くなった緑茶かもしれません。

青茶って青色の お茶なの?

酸化によって深い緑色に変化する葉の色を「青」で形容していますが、実際には発酵度と製法の呼称です。

身

近な茶なのに、いざ「青茶」ってなに? と聞かれると「半発酵や部分発酵と呼ばれていて……」「発酵度の高い低い、焙煎の重い軽いがあって……」など、説明するのがちょっと困難な茶です。「青茶は烏龍茶のこと」といってしまえれば簡単なのですが、烏龍茶は青茶であっても、青茶=烏龍茶ではないという分類上の、しかもちょっとあやふやな決まりごともあります。ここではざっくりと青茶=烏龍茶というスタンスでご紹介します。ただ、例えば緑茶が発酵させない茶、紅茶が全部発酵させちゃう茶、というふうにわかりやすいのに対して、青茶は緑茶に近い発酵度から、紅茶に似た発酵度までを幅広く網羅しているため、個人個人が異なるイメージをもっているという複雑さがあります。起源は水墨画のような絶景で有名な福建省武夷山といわれ、現在も最大の生産量を誇ります。そして、福建から海をわたって根づいた場所、台湾がそれに続きます。これまでは大陸産も台湾産も同様に「中国茶」として括られることが多かったのですが、本書ではそれぞれの産地の茶をわけてご紹介していきます。日本では大手飲料メーカーのペットボトル烏龍茶があまりにも有名になったため、茶色くて少しエグミがある飲み物という認識が強いのですが、本場の烏龍茶は色も風味もまちまち。まさにめくるめく銘茶の宝庫といえるのが、この青茶のカテゴリーです。

※2014年、中国政府は青茶=烏龍茶としました。ただ、形状や発酵度による分類に曖昧さが多く残るため、民間レベルでは現在も青茶と呼ぶのが一般的です。

烏龍茶の起源って？

中国にはこんな物語が残っています。

昔々、福建省安渓に、姓は「蘇」、名を「龍」という狩人がいました。たくましくて力持ち、男らしく黒く焼けた肌をもつ狩りの名人です。村人たちは中国語で「黒」を表す「烏」の字をつけ、親しみを込めて彼のことを「烏龍」と呼びました。猫の手も借りたい春茶の季節。烏龍も背中に猟銃を背負ったまま茶摘みを手伝います。腰に下げたカゴが茶でいっぱいになった頃、彼は鹿の姿を見つけました。狩人の血が騒いだ烏龍はせっかく摘んだ茶をその場に置いて、夢中で山の奥まで鹿を追いました。獲物をしとめた頃、辺りはすでに夕闇。意気揚々と家に帰り、今日の収穫を神様に感謝しながら家族で食事をすませた後、ようやく彼は茶を山の上に置きっぱなしにしてきたことを思い出します。夜が明けるのを待って茶畑に戻った烏龍は、摘んだまま一日放置してしまった茶を見て驚きました。緑色だった葉は淡い紅に染まり、フルーティーな香りを放っていたのです。それを製茶してみたところ、苦味がなく、深い甘味のあるお茶ができあがりました。その後、長い研究の末に、優れた品質として完成したこの茶は、彼の名をとって「烏龍茶」と呼ばれることになりました。台湾の烏龍茶が現代の趣向にあった軽やかなイメージなのに対し、元祖、大陸の烏龍茶は、悠久の時を感じさせる奥深さと、威風堂々とした趣があります。

P081 中国茶 中国大陸の烏龍茶

1 狩人の「烏龍」は茶摘みの手伝い中に鹿を見つけた。

2 鹿をしとめた烏龍は茶葉が入ったカゴを茶畑に置き忘れていることに気づく。

3 翌朝、カゴを取りに行くと、あら不思議、緑の茶葉は淡い紅に染まり、フルーティーな香りを放っていた。

4 ためしにその茶葉を飲んでみると苦味がなく、深い甘みのある味わいだった！

31

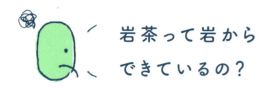 岩茶って岩から
できているの？

まさか（笑）。岩山で生育した茶樹からできています。

中 国大陸の烏龍茶は大きく「ミン（閩）北烏龍」、「ミン南烏龍」、「広東烏龍」の3つに分類されます。「ミン」は福建省の略称で、ミン北、ミン南は、福建の北側、南側という意味です。ミン北の中でもっとも有名な茶は、世界遺産武夷山を産地とする「岩茶」です。三十六峰、九十九岩といわれる武夷山の幻想的な風景の中、岩山にしっかりと根を這わせて成長します。ミネラルをたっぷり含む土壌から、養分を吸い上げて育つ良質な岩茶は「岩韻」と呼ばれる長く後を引く甘い余韻が特徴です。清代の4大岩茶と呼ばれる「大紅袍」「鉄羅漢」「水金亀」「白鶏冠」がとくに有名で、中でも「大紅袍」が頂点とされます。この大紅袍、オリジナルは樹齢が400年以上あり、ほんの数本の樹しか残っていません。国がその母樹を大切に守っていて、その樹からつくられる茶は年間たった500gともいわれます。なにかの奇跡でも起こらない限り、私たちがそのオリジナルを口にすることは不可能です。現在一般に流通している大紅袍はこの母樹のDNAを挿し木によって受け継いだものというのが定義ですが、おおよその大紅袍という名の茶はその可能性さえも限りなく低いといっていいでしょう。武夷の岩茶のパッケージには赤いはんてんを着た猿の絵が描かれているものが少なくありませんが、これは人が上れないような岩肌の茶を紅い着物を着せた猿に摘ませたという伝説が元ネタです。

鉄観音茶は鉄分が豊富？

鉄分摂取は期待できませんが、強く焙煎したものは身体を芯から温めます。

中 国福建省(ふっけんしょう)の南側でつくられる、「ミン（閩）南烏龍」の代表格は「安渓鉄観音茶(あんけいてつかんのん)」です。鉄観音茶とは、茶の品種「鉄観音種」でつくられた茶に対してつけられる名前です。日本では大手飲料メーカーのキャンペーンで一躍有名になったため、鉄観音茶というのは烏龍茶(ウーロン)の代名詞で、中国にはたくさん鉄観音があるようなイメージをもつ方も少なくありません。確かに鉄観音は中国でも台湾でも有名なお茶ですが、成長が遅く、環境への適応力が強くないため、とくに台湾では希少茶の部類に入ります。鉄観音にはこんな伝説があります。清の時代、信心深い茶農家の男がいました。ある晩、彼の夢の中に観音様が現われ、崖の上にまるで蘭のような香りをもつ茶樹があると教えてくれたのです。お告げ通りその茶を手にした彼は持ち帰った茶樹を鉄鍋に植え替え、大切に育てました。その茶は観音様のように美しく香り、鉄のようにどっしりとした味わいだったことから「鉄観音茶」と名づけられました。この言い伝えから、元々はしっかりと焙煎を施した、濃厚な味わいのお茶だったことがわかります。現在では烏龍茶全体のトレンドが焙煎をしない、もしくはごく軽い焙煎に移ったこともあり、安渓鉄観音も青く爽やかな風味の茶となりました。逆に福建から台湾にわたった鉄観音茶は200年以上前からの伝統を守り、重焙煎といわれる数十時間かけてしっかりと炭火で焙煎する製法が用いられています。

あっと驚く風味の烏龍茶が飲みたい。

鳳凰単叢はいかがですか。あっと驚く香りのお茶です。

③つに分類される中国大陸の烏龍茶のうち、広東省をメインの生産地とするものを広東烏龍茶と呼びます。この地区で一番有名なのが伝説の鳥の名が冠された「鳳凰単叢※」。鳳凰が羽を広げたような雄大な景色をもつ、広東省潮州の鳳凰山でつくられるためにこの名前がつきました。単叢というのは「ひとつの樹」という意味で、本来の定義は茶園から広く摘まれた茶葉ではなく、1本の茶樹からつくられたものとなります。必然的に希少価値とともに価格も高くなりますが、本物の単叢はそれに見合うだけの茶樹本来の生命力まで感じるような力強い深みをもっています。この茶に熱湯を注いでまず驚くのは、そのフルーティーな香りです。これが烏龍茶なの？ というくらい、まるでマスカットや、熟した果物にも似た甘くおいしそうな香りを放ちます。良質な鳳凰単叢に渋味はほとんどなく、すっきりとした苦味が一瞬だけ舌の上を通ります。はじめて経験する人の多くが虜になるこの茶は、さらに個々の樹によって「蜜蘭香」「黄枝香」「桂花香」など、香りの種類を多数もちます。そのどれもが、武夷岩茶に似た力強そうな乾燥茶葉からは想像できない、繊細で女性らしい香りをもっています。ちなみにこの果実や花のような香りは、乾燥した状態の茶葉からはほとんどしませんので、その時点で香るような茶葉は香料を用いていると疑ったほうがよいかもしれません。

※叢には本来木へんがつきます。

台湾高山茶ってどんなお茶?

おいしくなるための条件がたくさん揃った台湾茶です。

台湾茶に興味をもって専門店などを見はじめると、必ず目につくようになるのが「台湾高山茶」です。これは品種や特定の産地の名称ではなく、育成されたゾーンによっての呼称です。目安として、標高1000メートルをラインとして、それ以上の農地でつくられた烏龍茶をこう呼びます。中には2000mを越える希少茶も含まれます。白茶や緑茶もありますが、それらは「高山白茶」や「高山緑茶」という具合に、分類まで含めた名称をつけることが多いので、単に「台湾高山茶」とあるものは基本的に烏龍茶だと思ってください。標高1000〜2000mといえば、日本なら良質なパウダースノーを誇るスキー場が名を連ねるような高所です。澄んだ空気と、昼夜の寒暖差は、良質な茶を育成するために最適な環境といえます。そして有名な高山茶の産地には、もうひとつ共通した特徴があります。周りをさらに高い山々で囲まれるなどの条件によって、茶畑上空に立つ霧です。湿った気流が渓谷に沿って昇り、標高1000m以上に達すると、水蒸気が凝結して霧になります。霧は直射日光を遮り、茶の旨味成分を濃厚にします。高山茶はこのように自然の要素が存分に品質に反映されたものです。標高と比例して価格も上昇しますが、これは茶の味や香りに対する評価はもちろん、希少価値に対しての値段という意味合いも強くもちます。

台湾高山茶

梅山茶
1000〜1200m
青みがある高貴な香り

阿里山茶
1000〜1400m
まろやかな甘みと花の香り

杉林溪茶
1600〜1800m
爽やかな青みと透き通る香り

梨山茶
1500〜2400m
澄んだ風味と柑橘香

大禹嶺茶
2200〜2600m
ふくよかな香気と奥深い甘み

品種や季節によって風味は変化します

35

凍頂烏龍茶が花粉症に効くって本当？

そうなんです！でも凍頂烏龍茶に限ってということではありません。

台湾本島の中部に位置し、中央山脈の懐に抱かれた南投縣鹿谷郷。たくさんの動植物と美しい景観に恵まれたこの土地に、中国・福建省武夷山から茶の樹が持ち込まれました。同時期、樹は台湾島の数ヵ所に植えられましたが、ここ鹿谷郷・凍頂山の自然環境がもっとも良質な茶を育てました。それから150年あまり。凍頂山の名を冠した茶は、台湾でもっとも有名な烏龍茶として世界中に知れわたっています。当初は凍頂山産のものを凍頂烏龍茶と呼びましたが、評判が高まるにつれ、凍頂山近隣、その周辺というように、名称の許容範囲はなし崩し的に拡大しました。今では台湾産はおろか、安価に輸入された茶にまで「凍頂」の文字が見られます。こうして凍頂烏龍茶は台湾で一番有名、かつ一番多様な品質、要するにピンからキリまでが混在する茶となったのです。追い打ちをかけたのは日本で沸いた、花粉症に効くという噂。アレルギー反応を抑制するメチル化カテキンを多く含むというのがその根拠なのですが、凍頂烏龍茶に限らず、同じ品種の烏龍茶にこの成分は同様に含まれます。知名度の高い凍頂烏龍茶がピンポイントで花粉症の救世主として祭り上げられたのでしょう。そのせいでさらに便乗品が蔓延しました。もはやフランスパンやベルギーワッフルのように、凍頂烏龍茶とは「台湾風のお茶」だと割り切ってしまうのが混乱しない唯一の方法かもしれません。本来の凍頂烏龍茶も発酵や焙煎の度合いによる違いが様々あります。最近ではごく浅めの発酵度と軽い焙煎のものが主流で、花のような香りととろりとした甘さが印象的な烏龍茶です。

蜜の香りの烏龍茶が
あるって本当？

本当です。中でも有名なのは「東方美人」といいます。

洋のこの茶をえらく気に入った英国女王ビクトリアがこう呼んだと伝えられる「オリエンタル・ビューティー」。東方美人という名で知られる台湾銘茶中の銘茶です。この茶は毎年6月が最盛期となります。台湾の6月といえば最高気温が30℃を越える、すでに夏。直射日光が強い夏の茶は渋味や苦味が増し、春や冬の茶に比べて格下の扱いを受けることが少なくありません。しかし、この茶は別です。6月のある暑い日、稲の害虫として知られる「ウンカ」が大量に茶畑に飛来します。ウンカは茶のエキスを吸うために、あろうことか一番価値の高い若葉に噛みつきます。万事休す。被害にあったこの茶葉は普通なら商品価値を失うことでしょう。しかし東方美人の面白いところはここからです。一説には若葉をウンカに噛まれた茶の樹が、この憎きウンカを捕捉する虫、すなわちウンカの天敵を呼ぶために彼らが好む物質を分泌するというのです。なんという自然の神秘でしょう。この噛まれた小さな葉と芽を丁寧に指先で摘み取ったものが東方美人です。現にこの茶は製茶後の茶葉からはっきりと蜂蜜に似た香りを放ちます。そして熱湯を注ぐと今度はシナモンのような香りや柑橘香、果実香など、複雑で妖艶な香りを次々と繰り出すのです。紅茶に近い発酵度の茶なので、熱湯も適していますが、新芽が多いものは、ほんの気持ちほど湯温を下げてみましょう。透明度が増し、甘味を感じやすくなります。

はじめて飲むときに
おすすめの台湾茶は？

品種によって少しずつ風味がちがいますので、
代表的なものをいくつかご紹介します。

文　山包種茶は緑茶に似た淡い黄金色の抽出液をもちますが、その香りは緑茶とは、はっきり異なります。もともと包種茶とは花の香りを移したフレーバーティーでしたが、今は着香せず、茶葉そのものが花のように美しく香るようにつくられています。有名な「鉄観音茶」は、大陸産のものにフラワリーな香りのものが多いのに対し、台湾産はまるで熟した果実のような香りをもちます。これは台湾産が大陸からわたった当時の製法を残し、炭火で長時間焙煎されることが理由です。焙煎技術はまさに職人技で、これによって鉄観音の魅力が最大限に引き出されています。「金萱茶」は台茶12号という、比較的最近の品種改良種です。バニラやミルクのような天然の香りをもち、欧米では「ミルキーウーロン」と呼ばれます。ただし、乾燥した状態で強く甘いバニラ香を放つものは着香をしている可能性が高いです。「翠玉茶」も台茶13号と呼ばれる品種改良茶です。天然ジャスミン茶とも呼ばれるように、茉莉花に似た香りをもちます。木柵地区で自然交配したものが最初といわれている「四季春茶」は、華やかな香りと甘い余韻をもつ台湾茶の特徴をはっきりと有し、はじめて台湾茶を試すという方におすすめです。翠玉茶と四季春茶は早春から晩冬までと収穫期間が長く、高地でも低地でも栽培されます。生産量が多く、機械での摘採が容易であるなどの条件が重なり、価格がリーズナブルなのも魅力です。

台湾烏龍茶の名前が
わかりづらいのですが……。

品種名や生産地名などが混ざっているので、少しややこしいかもしれません。

樹の品種や発酵度、仕上げ方法によって、同じ台湾産でも様々なキャラクターの茶があります。名前の表記が統一されていないため、混乱を招いてしまうことも。例えば「凍頂烏龍茶（とうちょうウーロン）」は産地名がそのまま商品名となっていて、品種は「青心烏龍」というものが使われます。「文山包種茶（ぶんざんほうしゅ）」は産地名と製法の名前です。台北縣文山地区でつくられたことから「文山」、「包種茶」は発酵度のごく浅い青茶に用いられ、品種は凍頂烏龍茶と同じ青心烏龍です。一方「木柵鉄観音茶（もくさくてっかんのん）」は産地名と品種名の組み合わせ。文山地区木柵という地名がついた「鉄観音」という品種の茶です。「阿里山茶（ありさん）」「梨山茶（りさん）」など有名な高山茶は産地名で、主な品種はこれも「青心烏龍」です。

「金萱茶（きんせん）」「四季春茶（しきはる）」「翠玉茶（すいぎょく）」などは近年、改良によってできた品種で、これらはそのまま品種名が商品名にもなっています。「東方美人」は完全に商品名、品種は「青心烏龍」「青心大有」がメインです。さらに、これらの青茶は同じ産地、品種、製法であっても、発酵度や焙煎の度合いが数値で厳格に決められているわけではありません。例えば同じ「凍頂烏龍茶」でも、深く焙煎したものや焙煎しないものがあり、風味がずいぶん異なります。平均的な仕上げの目安はありますが、微妙な組み合わせの違いが無数にあることから、「台湾烏龍茶」という大きなくくりで初心者の方が購入しようとしたときには、とてもわかりにくいのが現状です。

紅茶ってイギリス原産なんじゃないの?

文化としての紅茶はイギリスかもしれませんが、原産地ではありません。

　有名な磁器製品や銀のスプーン、アフタヌーンティー等々。英国には長きにわたって紅茶文化を育んできた功績があり、紅茶はイギリスのものというイメージをもつ方が多いようです。では発祥地もイギリスなのでしょうか。茶の定義を詳しく見てみると「茶＝カメリアシネンシス、多年生の常緑樹で、栽培範囲はおよそ北緯38度、南緯45度」。ここからわかる通り、北緯50〜60度に位置するイギリスでお茶は栽培できません。では、イギリスの植民地として紅茶をつくっていたインドやスリランカが発祥なのでしょうか？ 実はここの茶樹たちもほとんどは中国から持ち込まれたもので、製茶方法はすべて中国式を模しています。そうです、紅茶も中国から世界中に伝えられたのです。その証拠に世界各国の紅茶の呼び名を見てみましょう。イギリス tea（ティー）、オランダ thee（テー）、ドイツ tee（テー）、フランス the（テ）、イタリア te（テ）、スペイン te（テ）、ハンガリー tea（テァ）、スウェーデン te（テ）など。このＴからはじまる茶の呼び名は福建の発音で茶を表す te（テ）が由来で、主に海路で茶が伝えられた国で定着しました。一方、ロシア chai（チャイ）、イラン cha（チャ）、トルコ chay（チャイ）、ポーランド chai（チャイ）、モンゴル chai（チャイ）など。これらロシアや中近東、東欧圏の一部ではシルクロードなどの陸路を通った広東語のcha（チャ）の呼称が使われています。

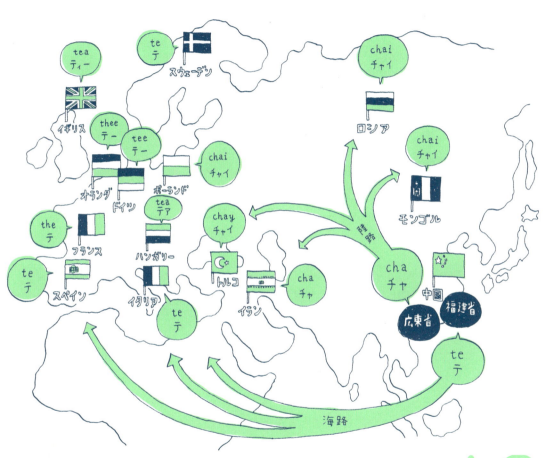

もらった紅茶が正露丸みたいな匂い。
これはなに？

それは、「ラプサンスーチョン」のハズレかもしれません。

これほど好き嫌いのわかれる紅茶は他にはないのでは？と思えるほど個性的な茶です。「正山小種(ラプサンスーチョン)」は世界で最初の紅茶として広く知れわたっています。松の木を燻した熱で茶葉を乾燥させるという珍しい工程があるため、茶には松の精油が染み込み、それが他にはない独特のクセをもたらしています。この燻した松の香りの成分が、ラッパのマークの正露丸の主成分に似ていることから、正山小種＝正露丸の匂い、というネガティブな印象をもっている方も少なくありません。一説には、輸出向けとしてわざと強くクセのある香りを茶葉に移したものだったとか、買い手のヨーロッパ人たちも貴族同士で通ぶるために、このエキゾチックな香りの飲み物を珍重したのだとかいう逸話もあるほどです。ただし、本来の良質な正山小種はライチに似た果実「龍眼(りゅうがん)」の香りがし、フルーティーで甘さも強いため、最初によいものに出会うと熱狂的なファンになってしまうこともあります。イギリスでは17世紀当時「ボヒー」と呼ばれていましたが、このボヒーとは岩茶で有名な「武夷山(ぶいさん)」のことで、中国からきた最高級品としてもてはやされました。現在も複数の大手ブレンダーが風味の違う正山小種をラインナップしていますので、それぞれの違いを試しながら好みの1品を探してみるのも楽しいかもしれません。

Q、世界で一番有名な中国紅茶はなに？

世界三大紅茶にも数えられる祁門紅茶で間違いないでしょう。

祁(キー)門紅茶は、元々緑茶の産地として名を馳せた安徽省(あんきしょう)の祁門縣で、ヨーロッパへの輸出を目論んでつくられたのがはじまりといわれています。P100でご紹介した福建省(ふっけんしょう)の正山小種(ラプサンスーチョン)を小種紅茶と分類するのに対し、福建以外でつくられる伝統的な製法の紅茶は工夫紅茶(クンフウ)と呼ばれます。工夫とは手間ひまをかけるという意味で、現在でも人の手で丁寧に摘まれたものが多くを占めています。正山小種を真似たともいわれる祁門ですが、狙い通り海外での評価を高め、今ではインドのダージリン、スリランカのウバと並んで、世界三大紅茶のひとつとして数えられています。とくにイギリスでは最高級品として扱われていて、女王の誕生日にはこのお茶を淹れて祝う習慣があるそうです。品質の優れた祁門紅茶は、一切の雑味がなく、口の中いっぱいに蘭やバラに似た香りと甘味が広がります。ミルクを入れてもよく合いますが、最初は、その透明感のある風味をストレートで確かめてみてください。ただし、安価なものには燻香(いぶし)の強いものがあり、低質な正山小種とごっちゃになっていたりもします。ちなみに、20世紀初頭、トワイニング社が時の皇太子のためにつくった「プリンス・オブ・ウェールズ」という銘柄は、当初この祁門紅茶をベースにつくられました。

中国・台湾紅茶の味の特徴ってある？

甘い香りで渋味の少ないものが多く、とても飲みやすいです。

日本では正山小種(ラブサンスーチョン)や祁門紅茶(キーマン)のようなメジャーなもの以外、見かけることの少なかった中国紅茶ですが、ここ数年の中国、台湾国内での紅茶ブームも手伝い、専門店であればずいぶんと入手しやすくなりました。ここでは、おすすめの中国・台湾紅茶をご紹介します。はじめに、「九曲紅梅(きゅうきょくこうばい)」は、P70で紹介した龍井茶(ろんじん)と同じ浙江省(せっこうしょう)でつくられる紅茶で、独特のコクとすっきりとした味わいが特徴です。戦の混乱の中、福建省から逃れてきた茶農たちが育てたと伝えられています。名前の九曲は福建省武夷山(ぶいさん)にある九曲渓にちなんだもの。もう戻ることのない故郷の花を想う切ない情景が浮かぶ美しい名前の紅茶です。続いて「滇紅(てんこう)」はまぶしいほどの黄金色をした新芽をたっぷり含み、華やかで甘い香りをもつ銘茶です。中国紅茶には、この滇紅のように産毛に茶の成分が付着し発酵することで金色に見える新芽「ゴールデンチップ」がたくさん含まれるものが多くあります。「金駿眉(きんしゅんめい)」は、21世紀に入ってから急速に中国茶ファンを虜にした、これ以上ないほどの品質をもつハイパー正山小種。武夷山の1000メートル級の高地で、なおかつ希少な新芽のみでつくられます。旨味成分が濃厚で芳醇な甘味と余韻をもちます。最後に「紅玉(こうぎょく)」は、台湾中部、南投縣(とうけん)にある風光明媚(ふうこうめいび)な湖"日月潭(にちげつたん)"の畔でつくられる最高級紅茶です。台湾紅茶には日本人が非常に深く関わっており、インドやスリランカのものに比べ東アジアの茶らしい繊細さが見られます。まるでべっこう飴の甘い香りの中にミントやシナモンを加えたような複雑な香気が魅力です。

黒茶ってなに？

すごく簡単にいうと、緑茶を発酵させたものです。

黒 茶の中で一番有名なのが「プーアル茶」です。日本では90年代に「減肥茶」という名でブームになりました。「飲むだけで痩せる」というミラクルなお茶で、下剤のような威力を発揮するものもあったほどです。確かにそれなら痩せるでしょうが、飲んでお腹をこわすというのは、普通に考えるともはや毒でしかありません。現在ではさすがにそこまで悪質なものはなくなりましたが、元々少数民族のものだったこの茶は、まだまだ一般的な認知度が低いのも確かです。プーアル茶は大きく2種類にわけられます。製茶後に時間をかけて熟成させる「生茶」と、時間をかけるかわりに人工的に高温多湿の状態をつくり、空気中の微生物による発酵を促す「熟茶」です。日本で入手できるもののほとんどは後者です。2000年代には中国で空前のプーアル茶ブームが起こり、良質な年代物なら、350gに数十万円の値がつくこともありました。日本でも寝かしたプーアル茶は高価になると思い込んでいる人がいますが、これは「生茶」に限った現象で、最初から熟成した状態を人工的につくる「熟茶」にはヴィンテージという概念はありません。また、カビ臭いものは熟茶をつくる際に発酵が不適切に行われたもので、良質なプーアル茶は決して下駄箱のような匂いはしません。ちなみに「黒ウーロン茶」は黒茶ではなく「烏龍茶」。英語のBlack Teaも黒茶ではなく「紅茶」のことです。

どれが黒茶か〇×クイズ

黒烏龍茶

BLACK TEA

減肥茶

プーアル茶

※現在ではいろいろな茶をブレンドしたものが減肥茶として売られているので、それらについては黒茶とは呼ばない。

ジャスミン茶はジャスミンの花や葉からつくられたお茶？

いいえ。茶葉にジャスミンの香りを移したものをいいます。

香や、花弁・漢方薬を混ぜるなどした茶を「再加工茶」といいます。中でも一番身近な「ジャスミン茶」は、「花茶」とも呼ばれ、北京でよく飲まれています。中国では皆お茶を欠かさないというイメージがありますが、実は世界一の茶の生産国、中国の首都北京の緯度では茶の栽培はできません。隋から唐の時代、現在の北京と杭州を南北に結ぶ巨大な京杭大運河が開通すると、多くの緑茶が北京へと運ばれるようになりました。ただ、今のような輸送手段がなかった時代のため、運搬途中で茶は劣化します。ジャスミン茶は、これをおいしく飲むために花の香りを移したのがはじまりといわれています。また、北京の水がおいしくなかったのも理由のひとつでしょう。きっかけはどうあれ、この「茶とジャスミン」の組み合わせは今では世界のスタンダード。現在も品質の劣る茶に、人口香料で着香したものも多く見られますが、良質の茶葉に天然の花の香りを用いたジャスミン茶は一度飲んだら忘れられないほど優しく柔らかな風味をもちます。もちろんベースの茶の品質次第で甘くも渋くも不味くもなります。着香は茶葉と花を混ぜて行われますが、この工程中、ジャスミンの白い花は熱によって紅い色へと変化します。香りを移し終えた花や蕾は取り除かれるのが基本ですが、加工に使ったものとは別の白く美しい花びらを飾りとして散らすこともあります。

ジャスミン茶以外の花茶、再加工茶ってなに？

たくさんありますが、桂花烏龍茶、荔枝紅茶、人参烏龍茶、メイクイ紅茶、メイクイ緑茶、工芸茶などが有名です。

夏がすぎ、気温が下がってくると飲みたくなるのが桂花の香りを移した「桂花烏龍茶（けいかウーロン）」。桂花はキンモクセイの花のことですが、日本の金木犀（きんもくせい）と中国の桂花ではその香りに違いがあり、後者のほうがフローラルで柔らかな香りをもちます。絶世の美女・楊貴妃（ようきひ）がその香りを好んだといわれ、漢方薬としても古くから用いられている歴史のある花です。桂花の香りには穏やかなダイエット効果があると日本の大手化粧品メーカーが発表して以来、さらに人気が高まりました。「荔枝紅茶（ライチ）」はライチの果汁で香りづけをした紅茶です。人工香料のものはガムのような強い香りがしますが、天然のものは甘く優しい香りで何度も飲みたくなるお茶です。続いて、「人参烏龍茶」。漢方では「上薬」と呼ばれ、命を養う薬といわれる高麗人参を使った古くから人気がある再加工茶です。日本では「健康茶」という分類をされ、むくみや冷えに効果があるといわれます。ペースト状にした物質で茶葉を覆って乾燥させたものや、高級茶に高麗人参パウダーをまぶしたものなどがあります。その他にもバラ科のメイクイという花を混ぜてつくられる「メイクイ紅茶」や「メイクイ緑茶」、P112でご紹介する、お湯を注ぐと固めた茶の中から花細工が飛び出す「工芸茶」なども人気です。

P111 中国茶 花茶・再加工茶

リラックス効果　ダイエット効果

桂花烏龍茶

冷え症解消　ストレス解消

茘枝紅茶

むくみや冷え症の緩和　更年期障害の緩和

人参烏龍茶

ホルモンバランスを整える

メイクイ紅茶　メイクイ緑茶

風邪と食中毒の予防

工芸茶

46

お湯の中で花が咲く中国茶をもらったんだけど、これはなに？

「工芸茶」といいます。熱湯を注ぐとグラスの中にふわりと水中花が現れます。

　工芸茶は天然の花をそのまま固めたわけではなく、花を緑茶の芽で囲い、糸で加工したものです。柔らかな新芽を糸でつなぎ、中にはやはり糸で細工した花を入れ込みます。成形して乾燥させた茶が、熱湯を注ぐことで少しずつ開き、中から花が飛び出す仕組みです。花を囲う緑茶にはジャスミンの花の香りを吸着させるのが一般的ですが、中に仕込む花の種類によっては緑茶のみを使うこともあります。いずれにしても緑茶は劣化しやすく、光にも弱いので、購入する際はきちんと遮光された状態でパッケージされているものを選びましょう。中に仕込んでいる花には、茶よりも水分が多く含まれるので、その水分によって緑茶が湿気を帯びるのは避けられません。かわいらしくて、ついつい飲まずにとっておいてしまうことも多い工芸茶ですが、できるだけ早めに飲むことが肝心です。工芸茶の中でも有名なものをご紹介します。やわらかく香る百合の花と甘い金木犀が仕込まれた「丹桂百合」。お湯を注ぐとオレンジ色の百合が浮かぶのと同時に金木犀の小さな花びらがひらひら漂います。続いて、眼精疲労に有効な菊花茶としても知られる、菊の花を緑茶で囲った「錦上添花」。麦わら帽子のような形に仕上げた緑茶には着香をせず、すっとする菊の花の香りを楽しみます。「茉莉仙女」はジャスミンの白い花が、ポン、ポン、とお湯の中で連なって咲く姿が美しい工芸茶。縦に長いグラスがよく似合います。まだまだ新しいジャンルの茶なので、他にも毎年のようにいろんな趣向をこらした工芸茶が登場しています。

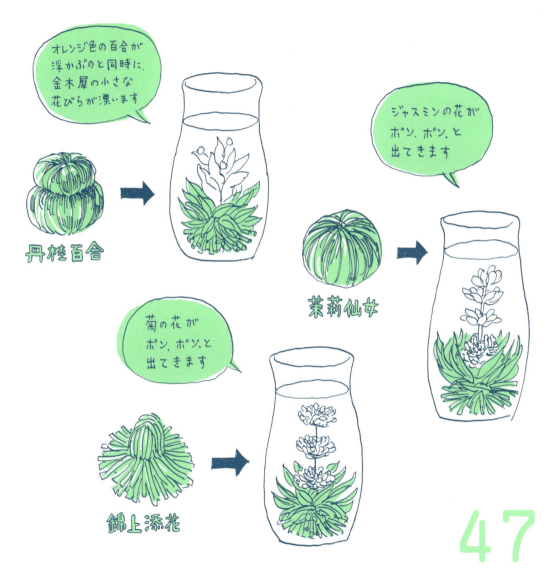

八宝茶ってなに?

枸杞の実や、菊の花、ナツメ、山査子など、漢方薬に使われる素材に緑茶や烏龍茶、氷砂糖を混ぜたものです。

八宝(はっぽう)茶は、元は回族という少数民族のもので、シルクロードを通って各地に広まりました。漢方に用いられる様々な薬効のある素材を中心に氷砂糖などの甘さを加え、暑さの中での水分補給や体力、健康を保つために用いたといわれています。名前の「八」の字は八種類の具材が入るという意味ではなく、八宝菜などで使われるのと同じ「たくさん」という意味です。地域や季節によって材料が異なるので具材を揃えるのが大変そうですが、現在ではそれらをバランスよく小わけにしたものが売られています。1杯分ずつパッケージされているので、封を切ってカップに入れてお湯を注ぐだけ。時間のない朝でもインスタントティーを飲むような手軽さで、たくさんの生薬エキスを補給できます。1煎だけでなく、湯を注ぎ足しながら数杯楽しめるのも魅力です。こうでなければいけない、というような厳密なレシピはないので、入手しやすい材料でオリジナル八宝茶をつくってみるのも楽しいですよ。代表的な材料と、一般的にいわれているそれぞれの効能を簡単にご紹介します。飲み終えた後にカップに残った具材は、ほとんどがそのまま食べられます。

枸杞の実(くこ)

血圧や血糖値を下げる

紅棗(こうそう)
(紅いナツメ)

緊張をほぐす
知覚過敏の緩和

竜眼(りゅうがん)

滋養強壮
疲労回復

菊の花

眼精疲労の緩和

金銀花

解熱や解毒
抗菌作用

陳皮
(マンダリンオレンジの皮)

咳止め
食欲不振の緩和

メイクイ
(ハマナスの蕾)

美肌効果
ホルモンバランスを整える

蓮芯
(蓮の実の芯)

鎮静作用
滋養強壮

山査子(さんざし)

消化吸収を助ける

銀耳(ぎんじ)
(白キクラゲ)

皮膚に潤いを与える

ジャスミンの花

リラックス効果
美容効果

レーズン

血行をよくする

中国にも
急須があるの？

中国では急須のことを茶壺といい、
お茶を淹れるのに欠かせない道具です。

壺（ふう）は内容量が100mlに満たないものから、500ml以上のものまで、大きさや形は様々。磁器やガラス、陶器製などがあり、価格も数千円から数十万円までとかなりの幅があります。手のひらにすっぽり収まるほど小さな茶壺は、茶葉がコロコロ丸まった烏龍茶との相性が抜群です。プーアル茶のように一度に飲む量が多い茶や、かさのある茶は大きめのものを選びましょう。高い温度のお湯が必要な紅茶や黒茶、一部の青茶は温度が下がりにくい磁器や陶器製、緑茶・白茶・黄茶などを低めの温度で淹れるときには散熱性の高いガラス製が向いています。台湾や中国など、旅先でお気に入りを買ってみるのもいいですね。はじめての人は次の3点をチェックします。①手にしたときにしっくり感があるか。②真上から見て、注ぎ口の先端と取っ手の端までが一直線上にあるか。③ふたを静かにまわして、スムーズにまわるか。高価なものも多いので、以下の禁止事項は守りましょう。まず、手わたししない。お店の人から受け取る際、返す際、どちらの場合も手から手ではなく、一度テーブルの上などに置いたものを手に取るようにしましょう。落としてしまうリスクを減らし、万一破損した際の責任の所在を曖昧にしないためです。そして、叩かない。茶壺の選び方と称して、ふたと胴の部分をかるくぶつけて、その音によって質を確かめる、という人がいます。ふたの内側は茶壺の中でとくに壊れやすい部分のひとつですので、絶対に止めましょう。茶壺以外にも、中国茶にはいろいろな道具がありますので代表的なものをご紹介します。

茶壺

陶器製

紫砂(しさ)という原料からつくられる茶壺がもっとも優れているといわれる。紫砂茶壺を洗うときは洗剤を使わない。繰り返し使うことで茶の成分や香りを少しずつ茶壺に移し、表面は布などで磨いて艶を出す。これを台湾では「養壺(やんふう)」と呼ぶ。

表面がつるつるした磁器の茶壺は手入れが簡単で、香りや味もストレートに抽出しやすい特徴がある。

磁器製

ガラス製

茶の色が見えるので"水色(すいしょく)"(茶の抽出液の色)の美しい茶や花などを散りばめた花茶はこれが最適。他の素材と比べて湯の温度が下がりやすい特徴をもっている。

49

茶杯・聞香杯
もう こ はい

見慣れない背の高い杯は聞香杯といい、台湾烏龍茶などとくに香りがすばらしい茶に用いられる香り専用の器。先に聞香杯に茶を注ぎ、茶杯にそれを移す。空になった聞香杯に残った香りを堪能してから、お茶をいただく。

蓋碗
がい わん

ふたつきの茶碗。中で茶を蒸らしたらふたをずらして、そのまま口をつけて飲む。茶壺の代わりとして使うことも。

茶荷

茶壺に茶を移すために使われる。茶葉の鑑賞や品質の確認にも用いる。

茶海

茶壺から一度ここに注ぐことで、茶の濃さを均一にする。ガラスの茶海では茶の色も楽しめる。

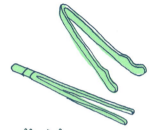

茶盤
茶器の下に置いて、お湯を受ける道具。陶器や竹製のものがある。

茶鋏
茶殻をつまんだり、熱くなった茶器をつかんだりする。

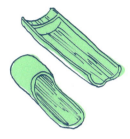

茶則
茶葉を茶缶などから茶荷や茶壺に入れる。

茶通
茶壺の注ぎ口に詰まった茶を取り除くときに使う。

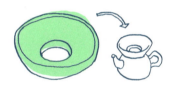

茶漏
かさのある茶を茶壺にいれる際、投入口にセットして茶を入れやすくする。

茶濾し
茶壺から出る細かい茶葉を濾す。

茶巾
常に手元に置き、こぼれた湯や器の下についた水を拭き取る。最近は吸水性がよく扱いやすい化繊のものが多くみられるが、趣はコットンやリネン素材などのほうが勝る。

49

中国茶を淹れる ポイントってある?

茶葉の色に合わせてお湯の温度を変えることです。

中国茶に限ったことではありませんが、おいしくお茶を淹れるために必要な要素は①「茶葉の量」②「抽出時間」③「湯の温度」の3つです。茶葉の量と湯の量の比率は50対1（250ccのお湯なら5g）などといわれます。ただ、味の濃さは人それぞれで好みの違いがありますから、これはおおよその目安だと思ってください。2つめの「抽出時間」も長ければ濃いものが、短ければあっさりしたお茶ができあがります。実はすごく大切なのに、おろそかにされがちなのが③の「湯の温度」です。日本茶の章でも触れた通り、茶には温度によって抽出されやすい成分、されにくい成分が混ざって含まれています。その茶のもっている一番「得意な成分」を引き出せる温度で淹れることがイコールおいしいお茶の淹れ方ということです。ざっくりとした説明になりますが、不発酵茶である緑茶は80度前後がベストな風味を引き出しやすい温度域です。逆に全発酵の紅茶は100度に近いほどよいとされます。部分発酵、半発酵といわれる青茶は、緑茶に近い発酵度から紅茶に近い発酵度までを網羅していますから、一概に80度、100度とはいい切れません。ではどうするかというと、茶葉の色を見て判断しましょう。乾燥した状態の茶葉が緑茶に近い緑色なら80度、紅茶のように茶色なら100度、その中間くらいなら90度というように、色の濃淡によって最適な湯の温度を判断します。難しそうに思えるかもしれませんが、慣れるといたって簡単で便利な方法です。中国茶の基本的な淹れ方はイラストをご覧ください。

茶壺で淹れる

1

茶壺、茶海、茶杯の順に温める。

2

お湯を茶盤に捨て、茶壺に茶葉を入れる。

3

お湯を注ぐ。

4

蓋をして蒸らす。

5

茶海に注ぎ切る。

6

茶杯に注ぐ。

50

聞香杯を使う ※烏龍茶で使用

1

お茶を聞香杯に注ぐ。

2

茶杯に移す。

3

聞香杯に残った香りを嗅ぐ。

4

茶杯からいただく。

蓋碗で淹れる

1

温めた蓋碗に、茶葉を入れる。

2

お湯を注ぐ。

3

蓋をして蒸らす。

4

蓋をずらし、茶葉をこしていただく。

茶壺の代わりとしても使えます

中国茶に合うお茶請けや、日本茶のようなマナーってある？

<u>おすすめのお茶請けはあります。</u>
<u>マナーは僕が普段心がけていることをご紹介します。</u>

中国でも台湾でも、お茶はいつでも傍らにあるもの。必然的に、お茶請けも風味が落ちやすいものではなく、その辺に置きっぱなしにしてポリポリかじれるようなものが似合います。例えば中国ではよく、ひまわりの種や干しぶどう、カボチャの種を片手に、お茶とおしゃべりを楽しんでいます。お茶には砂糖の甘味がよく合いますから、少し甘く浸けたドライフルーツなんかも最適です。かしこまったマナーもそんなに必要ありません。常識的に人と食事をするときに気遣うようなことに気をつければそれで充分です。しいてあげれば、という意味で僕がなんとなく心に留めていることを3点ほどご紹介します。まず、「お茶について質問する。お茶の感想を伝える」。これは日本でなにかご馳走になったときと同じです。「どんなお茶なのですか？」「とっても華やかな香りがしますね」など、お茶を淹れてくれた方への感謝の意味も含めて伝えましょう。次に、「お茶請けはお茶を少し飲んだ後に」。こういう決まりがあるわけではありません。ただ、先に甘いお菓子を食べて、口にまだ残る甘さで苦いお茶をいただくような日本茶と違い、繊細な風味のものが多い中国茶は先に少しお茶を味わってからお菓子に手をつけたほうがより楽しめます。最後に、「尖った部分を相手に向けない」。これはお茶を淹れる側になったときです。ヤカンや急須、ピッチャーなど、お湯の注ぎ口のとがった部分を相手に向けない。たったこれだけで仕草が美しく見えます。

 中国茶ってどこで買ったらいいの？

大きくわけると、「スーパーマーケットなどの量販店」「お茶屋」「中国茶専門店」「ネット販売」のいずれかになります。

　　量販店のメリットは手軽で安価なことです。種類はごく限られますが、専門店に比べるとひと桁違うくらい安い価格で気軽に買えます。カフェで飲むコーヒーとインスタントコーヒーくらいの品質差はありますが、「別物」と割り切れる方にはおすすめです。お茶屋というのは、具体的にいうと昔からの日本茶屋さんのこと。最近は老舗のお店などで、健康茶や中国茶、コーヒーなどを扱っているところがたくさんあります。日本茶と比べて少し粗雑に扱うところもありますが、説明を求めていろいろ答えてくれるお店なら安心です。中国茶専門店は、種類も知識も豊富なところが多いので、より正しいお茶に出会いたい方にはここが一番おすすめです。日本茶屋さんでも中国茶専門店でも、そこの茶の品質をある程度判断するための簡単な方法があります。それはP62でもお話した「茶の保存方法」が守られているかどうかということです。茶の大敵は「酸素」「湿気」「高温」「光」「におい」。このうち、なぜか中国茶の管理でおろそかにされやすいのが「光」です。特別な理由なく透明なガラス瓶などに入れて展示されていたら、なぜ光に晒しているのかを尋ねてみてください。明確な回答がない場合は、価格に見合った品質のものを買えない可能性もあります。インターネットでの購入の際は、価格を品質の目安にしますが、できるだけ茶の履歴が辿れるような情報を多く掲載しているショップなら安心です。

中国茶ってどこで買ったらいいの？

中国茶専門店
種類、知識が豊富。一番おすすめ。

日本茶屋
最近では中国茶も置いてある。説明を求めて答えてくれるお店なら安心。

量販店
手軽で安価に手に入れられる。

インターネット
品質の判断基準が価格になるが、茶の履歴が辿れるような情報を多く掲載しているショップが安心。

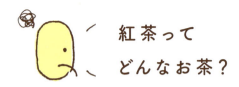

紅茶ってどんなお茶？

<u>比較的シンプルな工程でつくられる紅っぽい抽出液の茶です。
英語であえて他の茶とわけて呼ぶ場合は、
茶葉の色から取った「ブラックティー」が使われます。</u>

世界中で流通している茶の約8割が紅茶といわれ、「ティー」といえば一般的には紅茶のことを指します。茶の分類でいうと全発酵茶。緑茶や烏龍茶のように発酵を途中でとめるという工程がなく、茶色く発酵しきったものを乾燥させて製品に仕上げます。発祥は中国ですが、現在はインドを筆頭にスリランカ、ケニア、トルコなど温暖で降水量の多い国でつくられています。これまで、喫茶文化の盛んな国でも産地や銘柄はあまり気にされることはありませんでした。例えばトワイニング、フォション、マリアージュフレールなど、ヨーロッパの老舗ブランドが複数の紅茶をそれぞれのポリシーでブレンドして独自の商品名をつけたものを、紅茶の品種だと勘違いしている方もたくさんいます。近年、食品の流通履歴を知る意識が高まってきたことに伴い、ようやくパッケージされた製品としての紅茶ではなく、農産物としての紅茶という認識が広まってきました。アジアでつくられた紅茶がヨーロッパに送られ製品化され、それを再びアジアが買う、という図式ではなく、アジアからアジアというシンプルな入手方法が少しずつ日本でも定着しつつあります。名前には産地名がそのまま使われることが多く、その他の情報として収穫時期が明記されます。例えばダージリン・ファーストフラッシュなどというのがそれです。その他、農園名や製法、品質などの詳細が付随します。キャッスルトン農園・オーガニック製法FTGFOPなどと続き、これらの情報が多ければ多いほど希少価値が高くなります。このように趣味としてのマニアックな紅茶選びから、手軽なティーバッグまで、紅茶の楽しみ方の幅はずいぶんと広がっているといえるでしょう。

こだわる楽しみ

近年は「トレーサビリティ」により、紅茶の産地、農園名、製法、品質がわかるようになりました

信頼できる紅茶でこだわりの時間を楽しみましょう

てがるな楽しみ

量販店等の手軽なティーバッグで日常使い

人それぞれの楽しみ方ができるのがお茶のよいところですね

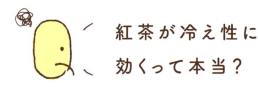

紅茶が冷え性に効くって本当?

はい。積極的に紅茶を飲むことで手足のかじかむ症状を抑えられます。

中医学では食物を「熱・温・寒・涼・平」という五性に分類します。熱い食べ物、温かい飲み物、という意味ではなく、それを摂取したときに身体にどのような作用があるかという漢方薬の基本にもなる考え方です。紅茶はこの五性の中でも「温性」に属します。身体の内側にたまった寒気を取り除き、血液の流れをよくして新陳代謝を高める働きがあります。冬の寒い日には、身体を冷やす「寒性」に分類される緑茶よりも例えばミルクで煮出したチャイが飲みたくなるのは、本能的に身体がこの「温性」を求めるからかもしれません。また、紅茶に含まれるポリフェノール類には他の茶同様、抗酸化作用があり生活習慣病や老化を防ぐ効果も。烏龍茶で盛んにいわれる脂肪吸収抑制作用ももちろん期待できます。コーヒーや茶がこれだけ世界中に広まった理由のひとつは「カフェイン」が含まれていること。煎茶や烏龍茶など他の分類に属する茶に比べて、含まれるカフェイン量が多いのも紅茶の特徴です。疲労回復、ストレスの解消、利尿効果等、カフェインの効果は広く知られている通りです。さらに紅茶の主要成分テアニンにはカフェイン摂取による一時的な興奮を抑える力があり、血圧上昇を抑制することや脳の神経細胞を保護する働きがあることが実証されています。

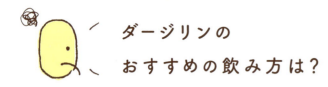

ダージリンの
おすすめの飲み方は？

香りのよさが特徴ですので、ストレートで楽しみましょう。

紅 茶の名前として一番有名な「ダージリン」。これはインド北東部の高原地帯「ダージリン地方」に広がる茶畑でつくられた紅茶に冠される名前です。東ヒマラヤ連峰のふもとの高地に位置するこの一大紅茶生産地は、標高の高さによる寒暖差や日照時間、谷底から発生する霧など、茶の成育に最適な条件が揃うことで、世界最高品質といわれる紅茶を世に送り出し続けています。広大な地域に数多くの農園があるため、それぞれの畑のロケーションや農園主のポリシーによって同じ「ダージリン」でも微妙に品質や風味が異なります。名門といわれる歴史ある農園は比較的高品質なものを安定供給していますが、それでも毎年の気候によってクオリティに差がでます。さらにダージリンは年に数回の収穫時期があり、春、夏、秋の季節ごとにハッキリとした特徴をもっています。春の紅茶はファーストフラッシュと呼ばれ、ごく浅い発酵度で仕上げます。発酵による分類だけでいうと烏龍茶と同じ半発酵茶で、青々とした茶葉から花のような爽やかな香りを放ちます。セカンドフラッシュと呼ばれる夏の紅茶は、年間トップクオリティに位置づけられていて、芳醇でコクのある、いわゆる紅茶らしさが一番味わえます。日本の番茶にあたる秋摘みの紅茶はオータムナルと呼ばれます。品質的には春や夏に劣るといわれますが、価格も安く、近年では品種改良などによって、まろやかでおいしいものが増えてきました。

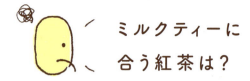

ミルクティーに合う紅茶は？

しっかりとした味わいのアッサムがおすすめです。

ア ッサムは地名であり、この地で発見された茶の樹の名前でもあります。ダージリン（P134）同様、北東インドに広がる茶園で栽培されますが、ダージリンに比べて標高が低めの平原でつくられます。平野の茶は日照時間が長いためしっかりとしたコクが出やすく、高所での生産に比べ価格も低く抑えられます。中国からインドにわたった、いわゆる「中国種」よりも大きな葉をもち、ボディ感と甘味が強いのが特徴です。濃厚に淹れてミルクを加えると、まるでキャラメルのようにまろやかなミルクティーが楽しめます。1mm程度の小さな粒になった「C.T.C.」（Crush＝押しつぶす、Tear＝引きちぎる、Curl＝丸める）という製法のものが主流。この製法は濃い紅茶が素早く抽出されるためティーバッグ用としても多く使われています。とはいえ、アッサムのすべてがお手軽で安価なわけではなく、新芽を多く含むリーフティーの中には高級なダージリンよりも希少で高価なものもあります。早春から初冬までと収穫期は長いですが、クオリティのピークは6〜7月の夏摘み茶「セカンドフラッシュ」。アッサムらしい濃厚で芳醇な甘味をより楽しみたいならこの時期の茶を選びましょう。

メントールの香りの紅茶があるって本当?

はい、それはウバです。ただし香りの強いものは注意が必要です。

スリランカ民主社会主義共和国に属するインド洋の島「セイロン島」。かつてイギリス領だったこの島では、いまも優良な紅茶が数多く生産されています。その代表格が「ウバ」。紅みを帯びた深いオレンジ色の抽出液と「ウバフレーバー」と呼ばれる独特の香りが特徴です。上質なものにはバラのような香りとともにメントールに似たスゥっとした天然の香気があります。ただ、近年では、このメントール香が強ければ強いほどいいという風潮が広がったことで弊害も出てきています。人工的に香りをつけたウバが市場を占拠しはじめたのです。悪意ではなく、メントール香がなくては売れないという理屈からなのですが、現在では着香をしていないウバを見つけるほうが難しいという状況になってしまいました。上質な渋みのある風味は、アッサム(P136)同様、ミルクティーに向いていますが、抽出液が美しいためストレートで楽しむ方も多い紅茶です。スリランカ紅茶はセイロンティーと呼ばれ、生産地と工場の標高によってハイグロウンティー、ミドルグロウンティー、ロウグロウンティーにわけられます。約1200m以上でつくられるハイグロウンティーが最良とされ、ウバはその中でも知名度、品質ともにトップクラスにある、セイロンティーのトップランナー。ダージリン、キーマンと並んで世界三大紅茶に数えられています。

私たちが飲んでいる紅茶は どこでつくられたもの?

インドやスリランカが多いですが、 その他にもいろんな国から届けられています。

世界の紅茶生産国には、最大量を誇るインドを筆頭にスリランカ、インドネシア、ケニアなどがあり、かつて多くの地域を植民地として統治していたイギリスやオランダがプランテーションを開発した国々です。インド紅茶はダージリン（P134）、アッサム（P136）などに負けないような香気をもつ「ニルギリ」や主にミルクティーに用いられる「ドアーズ」などが有名です。スリランカ紅茶（セイロンティー）は、標高が高い場所でつくられるハイグロウンティーが上質とされますが、低地のロウグロウンティーもミルクティーなどに適したコクをもち、価格も手頃なので一概にどちらがいいとはいえません。ハイグロウンティーには「ウバ」（P138）の他に、フルーティーな香りの「ディンブラ」、繊細な風味の「ヌワラエリア」などがあります。クセがなくアレンジティーに最適な「キャンディ」はハイグロウンとロウグロウンの中間でつくられるミドルグロウンティー。収穫量が多くミルクティーによく合う「ルフナ」はロウグロウンティーにあたります。インドネシア紅茶はすっきりと軽い味わいで日本ではペットボトルのジャワティーとして人気があります。ケニアは急成長の紅茶産地で主にブレンドやティーバッグに使われます。その他にも、中国紅茶は個性的なものが多く、世界三大紅茶のひとつ「祁門（キーマン）」をはじめとして、「正山小種（ラプサンスーチョン）」、「九曲紅梅（キュウキョクコウバイ）」など、たくさんの銘茶を産出しています。また、日本の紅茶は「和紅茶」として近年再注目されていて、香りのよさと、すっきりとした口あたりが特徴です。

アールグレイってフルーツの香りの紅茶なの?

正確にはフルーツの香りを着けた紅茶です。

　イタリア半島の西南に位置するシチリア島。マフィア映画の舞台としても有名なこの島を原産とする「ベルガモット」という柑橘類があります。オレンジに似た果実は苦味が強いため食用やジュースには向きませんが、香りがとても爽やかなのでオーデコロンや石鹼の原料として世界中で親しまれています。ベルガモットの香りの成分には鎮静と高揚の両方を促す作用あり、興奮や緊張したときには気持ちを和らげ、落ち気味のときには晴れやかな気持ちにしてくれるという便利な特徴をもちます。この香りを紅茶に移したのが「アールグレイ」です。名前は1830年代の英首相チャールズ・グレイに由来します。起源は諸説ありますが、彼の部下が赴任先の中国で溺れた人を助け、そのお礼に秘伝の製法を教わったというロマンティックな説を（一番嘘っぽいのですが）ここでは採用したいと思います。着香するベースの紅茶に厳密な定義はなく、インド、スリランカ、中国紅茶など様々な種類の茶が使われます。着香茶（フレイバーティー）に関して、香り優先で茶の品質は二の次という考え方もありますが、やはり原料の善し悪しで随分と風味に差が出ます。香りもメーカーやブランドによって違いがありますから、お気に入りのアールグレイを探してみるのも楽しいですよ。淹れ方は一般的な紅茶に準じますが、その香りのよさはアイスティーにしたときに俄然本領を発揮します。

オレンジペコーってオレンジの香り？
それとも味がオレンジなの？

いいえ、味も香りもオレンジではありませんよ。

紅　茶の名前の後につく「OP」や「BOP」などのアルファベット。これは茶の等級を表しています。元々は茶の樹の部位を指す言葉でしたが、現在では加工後の茶葉の大きさを示す目安となりました。「OP」はオレンジペコーの略。大きな形をとどめたリーフのことをこう呼びます。断面が少ないので抽出時間は長めに取ります。「BOP」はブロークン・オレンジペコー。OPよりも小さめのリーフでOPより短い時間で抽出します。「BOPF」はブロークン・オレンジペコー・ファニングス。「ファニングス」とはファンで飛ばされるという意味で、BOPよりさらに細かい、日本茶の粉茶に近いイメージです。多くはティーバッグの原料として使われます。注意したいのは、これらはあくまでも紅茶の品質とは別のものだということ。同じ品質の茶の場合、葉が大きいほど高価ですが、品質が違えばBOPがOPより高級である場合もあります。さらにここにいくつもの形容詞が加えられることがあります。「S（スペシャル）」特別な、「F（ファイン）」すばらしい、同じく「F（フラワリー）」花のような香りの、「T（ティッピー）」芽を含む、「G（ゴールデン）」黄金色の、等々。例えば「SFTGFOP」とあったら「スペシャル・ファイン・ティッピー・ゴールデン・フラワリー・オレンジ・ペコー」（黄金色に輝く芯芽をたくさん含む、花のような香りの、特別に優れた大きなリーフ）という意味。ただし、国際的に明確な基準があるわけではないため、「スペシャル」や「ファイン」は日本の「最高っ！」とか「すごいぞ！」に近い表現だと思っておきましょう。

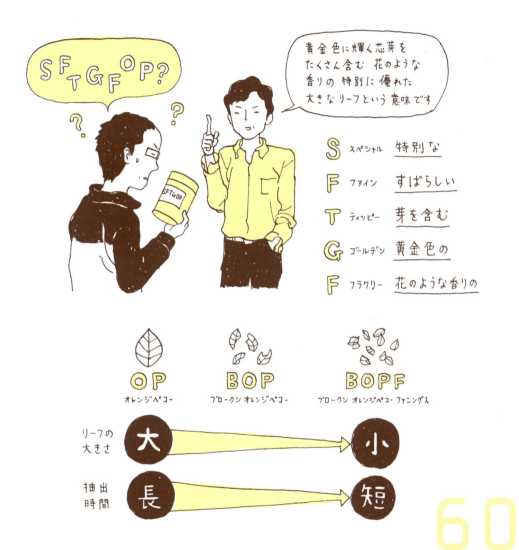

紅茶、中国茶、日本茶、それぞれの
道具を揃えなきゃダメ？

ポットがひとつあればどれも淹れられますが、
それぞれ揃えるともっと楽しいです。

イ ギリスでお茶を飲む習慣が広まったのは17世紀。当時世界屈指の貿易国であったオランダは日本や中国から茶や茶器を輸入していました。そのオランダからイギリス王室に嫁いだキャサリン妃が花嫁道具としてそれらを持参したのがはじまりといわれています。紅茶や緑茶、中国茶の道具はどれも違うものだと思っていらっしゃる方も多いのですが、形や機能をみるとほとんどが共通していることがわかります。道具の発祥の地は茶と同様、中国。そこから日本にわたって改良を加えられたものや派生したもの等が混在してヨーロッパにわたりました。当初は輸入した道具をそのまま崇めていましたが、やがてイギリス王室の指示によりヨーロッパ各地で東アジアの道具を模倣したものがつくられるようになります。イギリス帝国の絶頂期といわれるヴィクトリア朝には銀製で凝った装飾が施された精巧な道具が数多く生み出されました。このような華美な紅茶道具はゲストに見せるものであり、ステイタス・シンボルだったのです。現在では、手入れが面倒な銀製の茶道具を使うのは一部の熱心な紅茶ファンに限られますが、古い時代の銀の道具は芸術品としての価値も高く、紅茶を趣味として楽しむ上で魅力的なアイテムなのは間違いないでしょう。ここでは紅茶を淹れるための基本的な道具をご紹介しますが、それぞれの道具に年代や希少価値などといった要素を加えることで、もっともっと奥行きのある世界が広がります。

ティーポット

ガラスや金属など様々な素材のものがあるが、代表的なのは「ボーン・チャイナ」と呼ばれる磁器。中国製の白い磁器に憧れたイギリス人が、入手が難しかった白色粘土のかわりに牛の骨を用いてつくった。

ティーカップ&ソーサー

原型は日本や中国の茶碗だが、持ちやすいように取っ手をつけてしまうところがよくも悪くも欧米らしい。

ティーキャニスター

金属や陶器製の茶筒、茶箱。

ティーキャディースプーン

茶さじ。茶葉をポットに入れるときや、茶葉を計量するときに使う。

ティーフィルター

ポットの中に入れる紙製や布製のティーフィルター。中に茶葉を入れ、湯を注いでお茶を抽出したら、フィルターごと引き上げる。

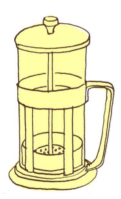

ティープレス

同筒形のガラスポットと可動式のフィルターがセットになったもの。蒸らした茶葉を下に押して注ぐ。フィルターを押し下げすぎると茶葉が潰れて渋みが出るので注意。

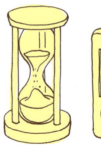
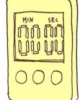

砂時計・デジタルタイマー

蒸らし時間を計る。

P149 紅茶 紅茶の道具

ティーコジー
ティーポットにかぶせて、紅茶を冷まさないために使う布製のポットカバー。

ティーストレーナー
茶漉し。ポットからカップに紅茶を注ぐ際、細かな茶葉を取り除く。

ティースプーン
紅茶を攪拌するためのスプーンで、コーヒースプーンより大きく、テーブルスプーンより小さいものをいう。

シュガーボウル・ミルクピッチャー
砂糖やミルクを入れて紅茶と一緒にテーブルに出す。

ケーキスタンド
アフタヌーンティーといえばこれ。ケーキやサンドイッチがのった皿をセットする。

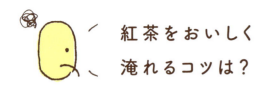

紅茶をおいしく淹れるコツは？

1. ポットを温める。
2. お湯を捨てる。
3. 茶葉を量ってポットに入れる。

　カップ1杯分なら茶葉は約2〜3gが適切

茶葉を量ること、熱いお湯を使うこと、そして料理と同様、最初は味見です。

紅茶は通常ティースプーンに1杯がカップ1杯分（約140cc）といわれますが、説明としては少し不十分です。実は日本のティースプーンには統一規格がないため、大きさがまちまちです。さらに、茶葉には等級があり（P144）、大きなものも小さなものも売られています。ダージリンを例にあげると、OPという等級で、大さじすりきり1杯5g、BOPという等級なら同じ大さじで1杯7gになります。自分のベストな抽出濃度を知るためにも、茶葉が自分のティースプーン1杯で何gになるのかを知っておくと便利です。カップ1杯分の紅茶を淹れるには約2〜3gの茶葉を使います。ほとんどの紅茶は沸騰した湯を使うため、微妙な温度調整が必要ありません。温めたポットに計量し

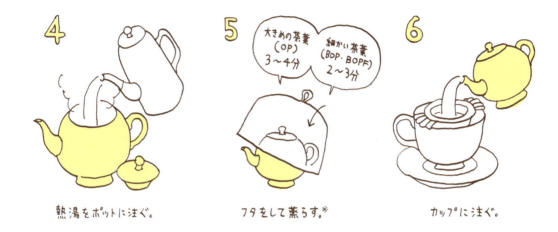

た茶葉を入れ、熱湯で蒸らして待つだけです。こ
こにも茶葉の等級が関わります。大きめの茶葉は
3〜4分、BOPやBOPFなどの小さな茶葉やCTC
（P136）といわれるものは断面が多く、抽出され
やすいので2〜3分です。失敗しない目安は5gの
茶葉に沸騰したてのお湯300ccを注ぎ、2分をま
わったあたりで味見をすること。もしも薄かったら
抽出時間を延ばします。紅茶を淹れる際に必ずい
われる「ジャンピング」という言葉があります。ポッ
トの中で茶葉が浮き沈みする様子をいいますが、
これ自体は日本だけで使われる言葉です。あくま
でもジャンピングという現象を起こすことが目的
ではなく、おいしい紅茶のための条件が揃ったと
きにジャンピングが発生すると覚えておきましょう。

※ティーコジーがある場合は、紅茶を冷まさないようにポットにかぶせます。

アイスティーをつくると、白く濁ってしまうんだけど……。

1 ポットに少なめの茶葉を入れ、熱湯を注ぎフタをして、15〜20分蒸らす。

2 他のポットに紅茶を移す。

3 氷をたくさん入れたポットに注ぐ。

それはクリームダウンという現象です。

クリームダウンとは、濃く抽出した紅茶を氷で冷やししばらくすると、紅茶が白く濁る現象をいいます。これはお茶の含有物が結合することで起こります。そうならないためにプロが現場でやる濁らないアイスティーのつくり方をご紹介しましょう。まず、ポットを2個用意してください。ポットAとポットBと名づけます。次にいつもより少なめの茶葉を用意します。そう、この部分が皆さんが思うつくり方と逆になります。普通は茶葉を多めに使って濃い紅茶をつくりますよね？ ここではそうでなく、茶葉のかわりに時間を増やして濃い紅茶を淹れます。例えば500ccなら5gの茶葉で充分です。ポットAに茶葉を入れたら、いつも通り沸騰したお湯を注ぎます。蒸らし時間は15〜20分。けっこう長いです。でも、長すぎて渋くなるのでは？と不安になって、10分程度で止めてしま

P153 紅茶 Ⓐアイスティーの淹れ方

4 再度、他のポットに注ぐ。

5 常温で保存。

6 氷を入れたグラスに注ぐ。

うのは逆効果。かえって渋い紅茶ができあがります。のんびり気長に待ちましょう。時間がきたら茶漉しをくぐらせてポットBに移します。次からが肝心。最初に使ったポットAに氷をたくさん詰めて、再度そこにポットBから紅茶を移して一気に温度を下げます。そして、さらにもう一度ポットBへと素早く紅茶だけを戻して氷と完全に分離させてください。イメージとしてはあっという間のテンポです。

この時点で紅茶は2つのポットを1往復半しました。あとは紅茶を常温保存して、飲むときに氷を入れたグラスに注ぎます。常温保存が肝です。ここで冷蔵庫に入れてしまうと、せっかくの紅茶がやっぱり白く濁ります。中途半端な速度で冷却する、ポットの中で温度差ができる、この2つを避けることが透き通ったアイスティーを上手につくるコツです。

 チャイってなに?

1

鍋に水と茶葉を入れる。

2
シナモン　ナツメグ

お好みでスパイスを入れる。

3

グラグラと沸騰させて紅茶を煮出す。

一般的にミルクで煮出した紅茶をチャイと呼びます。

普 通なら紅茶は「蒸らす」。煮出したりしたらさぞ濃厚なものができるのだろうと想像しながら、手鍋に紅茶の葉とミルクを入れてグツグツ沸騰させます。それなのにできあがったチャイはいつも飲む紅茶より味気ない。ミルクで煮出した紅茶というより、紅茶色のホットミルクになってしまうという方、いませんか？ これはミルクの主成分のひとつ「カゼイン」が紅茶の抽出を抑え込む役割をもっているから。おいしいチャイをつくるには、まずお湯でしっかり煮出した紅茶にミルクを加えます。以下は大きめのカップ2杯分のチャイのつくり方です。手鍋に大さじ2杯の紅茶（大きめの茶葉の場合は山盛り2杯）と水150ccを入れ、強火にかけます。クツクツいいはじめたら少しだけ

4
牛乳を加える。

5
沸騰寸前で火を止める。

6
茶漉しで漉しながらカップへ注ぐ。

火加減を調整し、そこから1分間我慢してください。鍋に紅茶がこびりつきそうなくらいグツグツいわせて、そこにミルク350ccを一気に加えます。再度強火にしたら、目を離さないで鍋を見ていましょう。ミルクはあるタイミングでいきなり沸騰して吹きこぼれます。鍋とミルクの境目に細かい泡が盛り上がりはじめたらそれがサイン。沸騰直前で火を止めてください。あとは茶漉しで茶葉を漉しながらカップに移せばおいしいチャイの完成です。ここにシナモンやナツメグなどのスパイスを加えたものがインドなどで飲まれるマサラチャイ。スパイスは紅茶を煮出す同じタイミングで投入します。量は紅茶に対して5％程度で充分です。

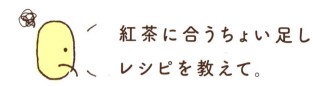

紅茶に合うちょい足しレシピを教えて。

ロシアンティーやジンジャーティー、アップルティーはとっても簡単でおいしいです。

いつもの紅茶にひと手間加えることで、様々な風味を楽しんだり、効能を得られたりする「アレンジティー」。アイスティー（P152）やチャイ（P154）の他にも、すぐにつくれておいしいレシピがあります。本家ロシアではジャムを舐めながら紅茶を飲んだのがはじまりといわれる「ロシアンティー」。イチゴやマーマレードなど、ジャムはなんでも構いません。カップに注いだ紅茶に、ミルクや砂糖を入れるようにフルーツジャムを入れるだけ。ジャムで紅茶が冷めやすいので、カップを事前にしっかり温めておいてください。「ジンジャーティー」は身体をポカポカ温めます。ティーポットにスライスしたショウガ2〜3きれと茶葉を入れて、あとはいつも通りに淹れましょう。甘味が欲しいときにはハチミツを。擦ったショウガとハチミツを混ぜたものを家庭用の製氷皿に小わけして冷凍しておけば、いつでも好きなときにハニージンジャーティーが楽しめます。ジンジャーティーに限らず、ハチミツを使う場合は、花の種類も気にしましょう。中国産などの色の濃いハチミツは鉄分が多く、紅茶の成分と結合するとお茶の色が黒っぽくなりますので、アカシヤなどの国産ハチミツがおすすめです。「アップルティー」も簡単。リンゴの皮と茶葉を一緒にポットに入れて熱湯を注ぎます。もう少しさかのぼって、ヤカンに直接リンゴの皮を入れて、湧かしちゃう方法も。焼きリンゴのような甘い香りのアップルティーができあがります。カモミールやローズなど、ドライハーブをブレンドするとリラックス効果がより高まります。茶葉とハーブの割合は8：2くらいのバランスがベストです。

ロシアンティー

カップに注いだ紅茶にミルクや砂糖を入れるようにフルーツジャムを入れる。

ジンジャーティー

ティーポットにスライスしたショウガ2〜3きれと茶葉を入れ、熱湯を注ぐ。

アップルティー

リンゴの皮と茶葉を一緒にポットに入れて熱湯を注ぐ。

ヤカンに直接リンゴの皮を入れて、お湯を沸かしちゃう方法もある。

紅茶と一緒に出す
お菓子はなにがいい？

スコーンや、パウンドケーキ、ビスケット、タルトなどがおすすめです。

お茶請けというと主役のお茶に添えられる、ちょっとしたお菓子や食べ物というイメージですが、実際にはお菓子が主役で紅茶が脇役という場面のほうが圧倒的に多いと思います。ここではお茶を味わい深くするお菓子、という観点ではなく両方が引き立て合う関係のお茶請けをご紹介します。まず、定番中の定番はスコーン。傍らにはたっぷりのクロテッドクリームと、ジャムやハチミツ。それを口いっぱいに頬張ったら必ず欲しくなるのが紅茶。クリームの脂分とジャムやハチミツの甘さ、スコーンのサクサク感、その他すべてが紅茶との相性抜群です。スコーンの他にもパウンドケーキやビスケットなど、唾液を吸収するような食べ物には紅茶がとてもよく合います。サンドイッチなどもその類いです。また、紅茶は元々フルーツに似た香気成分をもっているので、果物とも相性がよいことで知られています。アップルパイやフルーツタルトなど、クリームやパイ生地を合わせたお菓子なら完璧です。お菓子を食べながら飲む紅茶はティーカップ1杯ではきっと足りないので、人を招いたときなどは1人分最低2〜3杯の量を淹れられるよう、大きめのポットがあると便利です。日本の水では茶葉を入れっぱなしにすると渋みが抽出されすぎるので、淹れる量に関わらず茶葉を漉してください。ポットにティーコージーをかぶせて、ケーキスタンドにお茶請けをセットしたら、気分は一気にアフタヌーンティーです。

ハーブティーの いいところってどこ？

気軽に薬草の効能が得られるところです。ただ、注意は必要です。

ハーブから抽出した飲み物を一般的にハーブティーと呼びます。ティーとはいいますが、茶の定義上は茶の樹からつくられたものではない「茶外茶」として分類されます。薬草の歴史は果てしなく古く、間違いなく人間が地球上に現れたそのときから一部の植物はなんらかの効能を目的に摂取されたと考えられています。東洋医学でも現代の西洋医学でも、合成薬の多くは植物を原料としています。ハーブティーは気軽に薬草の効能を得られる方法としてヨーロッパを中心に人気があり、日本でもお茶やコーヒーほどではありませんが、趣向品として楽しむ人が増えています。リラックス効果やデトックス、ダイエットなど、自分のそのときの身体や心の状態に合わせてハーブティーを選ぶのは知的で健康的な習慣といえるでしょう。また、カフェインを含まないという理由で、コーヒーや紅茶を飲むと眠れなくなるという人や、妊娠中、授乳中の女性に好まれる飲み物のひとつです。ただし、近年、その副作用が問題視され、天然のハーブを見直す動きが出てきました。そのため、カフェインが含まれないという理由だけで、すべてのハーブが安心ということではありません。この章ではハーブティーに用いられる数多くのハーブの中からとくに有名なものをいくつかと、楽しみ方、注意点をお話しします。

P163 ハーブティー ハーブティーの魅力

67

ハーブをブレンドするときの
ポイントってある？

香りの強いものを少なめにすると飲みやすくなります。

ハーブティーの材料となるドライハーブは、10g程度の少ない量から購入できるところが多いので、お気に入りのハーブを自宅でいろいろブレンドしてみましょう。いくつかのレシピをご紹介します。それぞれの割合はお好みで構いませんが、参考までの目安をP165に掲載しています。鼻がグズグズするときは北米の先住民が万能薬的に使った「エキナセア」。天然の抗生物質とも呼ばれ、近年は花粉症対策にも。少し青臭さがあるエキナセアには、すっきりと香る「スペアミント」や甘いマスカットに似た香りの「エルダーフラワー」をブレンドしてみましょう。夕方には足がパンパンという方には「メリロート」（スイートクローバー）。リンパの流れを促し老廃物を排出します。利尿効果の高い「ダンデライオン」（タンポポ）をブレンドするとより効果的。2つともわずかに苦みがあるハーブなので、「レモングラス」や「レモンマートル」などすっきりとした柑橘系の香りを加えると飲みやすくなります。なんだか喉がイガイガするというときには「マーシュマロウ」がおすすめ。喉の痛みや気管支炎、口内炎などに有効に作用します。漢方で「甘草」と呼ばれる甘い「リコリス」も喉の痛みや痰を取るハーブです。この2つの甘いハーブのブレンドにも「ペパーミント」や「レモンバーム」などのさわやかな香りを加えてバランスを取りましょう。

Q. スポーツドリンクのように飲めるハーブティーってある?

疲労回復効果のあるハイビスカスティーはいかがでしょう。

①1964年、はじめて東京で行われたオリンピック。世界最高記録を樹立して2連覇を果たした、マラソンの王者アベベ選手が試合に望むにあたり飲んでいたのも、同じくこの大会で活躍したドイツの選手団が水分補給用に持ち込んでいたのも、真っ赤な抽出液が印象的なハイビスカスティーです。ハイビスカスティーは爽やかな酸味が一番の特徴。この酸味のもとであるクエン酸やハイビスカス酸などの植物酸と豊富に含まれるミネラル類が、体内のエネルギー代謝や新陳代謝を高め、肉体疲労を回復させます。スポーツドリンクの概念がようやく生まれはじめたこの時代に白羽の矢が立ったのが「ハイビスカス」だったのです。そして、このハイビスカスとブレンドするハーブとして一番有名なのが、天然のビタミンCを豊富に含む「ローズヒップ」です。ローズヒップはレモンの20〜40倍のビタミンCやフラボノイド、ペクチン、果実酸、ビタミンE、タンニンなどを含み、"ビタミンの爆弾"ともいわれます。風邪や貧血の予防、眼の疲れの緩和など多くの効能も認められています。ハイビスカスとローズヒップ、この2つのハーブのブレンドは、コラーゲンの生成に関与し、日焼けした肌を内側から補修する効果や、シミやしわの予防効果など、美容茶の鉄板としてとくに女性に人気のあるハーブブレンドティーです。

胃腸が弱っているときは
どのハーブティーがいい？

消炎作用のあるカモミールがおすすめです。

ビアトリクス・ポターの書いた『ピーターラビット』のお話しの中で、うさぎのピーターがお腹をこわすと、お母さんうさぎがいつも淹れてくれるハーブティーが「カモミール」でした。心身をリラックスさせる効果があるカモミールは世界でもっとも親しまれているハーブのひとつ。ピーターのお話でわかる通り、消炎作用をもち、ストレスによる胃炎や胃潰瘍、不眠の症状にも用いられます。ヒナギクに似た黄色と白の小さくかわいらしい姿と、リンゴに似た甘い香りは他のハーブとブレンドする際にも大活躍。いろいろな品種がありますが、ハーブティーには「ジャーマンカモミール」が向いています。このカモミールに、鎮静作用が高い「リンデン」や、筋肉の緊張を緩める「バレリアン」などを混ぜれば、ぐっすり眠るためのグッドナイトティーのできあがり。夕食後の習慣化で眠りの質が変わります。また、キャンディーなどにも使われ、清涼感が特徴の「ペパーミント」とカモミールのブレンドは疲れた胃腸に効果的。ストレスが胃にきそうだなと思ったら、おおよそカモミール2：ペパーミント1の割合で淹れてみましょう。その他、「タイム」や「レモングラス」を加えてもよく合います。こちらは食間か食前の空腹時に飲むのがおすすめです。

デトックス効果のある
ハーブってある?

**肝臓の働きを活発にするアーティチョーク、
保護するミルクシスルはどうでしょう。**

㋳内の加工食品生産量から判断すると、私たち日本人が摂る食品添加物は年間約4kgともいわれます。現代の食生活から食品添加物を完全に排除することは至難の技。自分が食べるものになにが含まれているかを確認し、できるだけ気をつけるのはもちろんですが、摂ってしまった添加物をできるだけ体内に滞らせないように新陳代謝を高めることを並行して実践しましょう。身体の中の毒素を外に出すのは汗や呼吸、爪、髪などが数％。その他、大部分はトイレでの排出時に行っているのです。そこで有効なのが胃腸や肝臓の働きを促し、便秘も防いでくれるハーブです。

「アーティチョーク」はギリシャ・ローマ時代から用いられている薬用ハーブ。とても強い苦味があるのが特徴です。人は本能的にこの苦味を毒として認識し、一刻も早く体の外に排出しようとします。そのために肝臓の働きが活発になるのです。また、清浄・保護・再生などの効果が高く、肝臓を守るハーブとして長い歴史をもつのが「ミルクシスル」。アルコールの飲みすぎや、脂っぽいものを食べすぎてお疲れのときに選んでください。「東洋のウコン、西洋のミルクシスル」などと呼ばれています。微かな苦味はありますが、全体的にはやわらかな甘味をもつ飲みやすいハーブです。

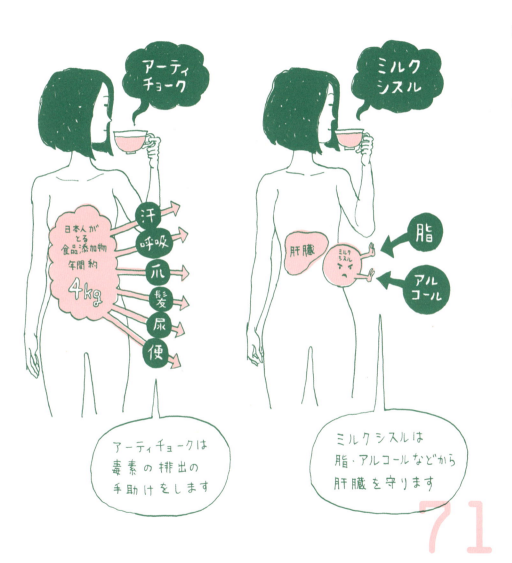

ダイエットにおすすめの ハーブってなに？

ヨーロッパに古くから伝わるハーブティーのレシピに
「断食のハーブティー」というものがあります。

　断食のハーブティーとは、「エルダーフラワー」、「セージ」、「ヤロウ」などをブレンドしたもので、空腹感を紛らわす作用があるといわれています。ただし、このお茶で食欲を減退させて痩せるのが目的ではなく、理由があって食べてはいけないときに、あくまで一時的に用いるという意味のお茶です。ご存知の通り、世の中は様々なダイエット方法で溢れています。しかし、やはり理想的なのは、ちゃんと食べ、ちゃんと消化し、代謝を高めて健康的に理想の体型に近づくというものでしょう。摂取した食べ物をきちんと無駄なく消化するためのハーブとして、「ローズマリー」、「ペパーミント」、「フェンネル」、「セージ」などがあります。

とくにローズマリーには抗酸化作用があるロスマリン酸が含まれ、美肌やアンチエイジングへの貢献も期待できます。清涼感のある香りをもつペパーミントを少量ブレンドしましょう。「オレンジピール」、「シナモン」、「ブラックペッパー」は代謝を高めるハーブ。オレンジピールは「陳皮」と呼ばれ、漢方薬や八宝茶にも用いられます。少し渋みがあるので入れすぎないように。シナモンも発汗を促し、甘い香りでチャイやお菓子などにも使われる素材。ブラックペッパーは刺激が強く味も強烈なので、ほんの少しアクセントに加えるといいでしょう。

●主なハーブの特徴と効能効果⇒P182〜P187

とくに女性におすすめの
ハーブは？

**体を温める「ジンジャー」をはじめ、
生理痛や美白に効くハーブがたくさんあります。**

冬の外気だけでなく、夏でも室内のエアコンで体が冷えっぱなしの方には「ジンジャー」がおすすめです。アジアでも欧米諸国でも食用や薬用に頻繁に用いられる材料です。血の流れを助け、体を温める作用があります。ジンジャーに合わせるのは、ほんのり甘い「シナモン」。発汗や代謝をよくする働きがあります。2つともスーパーなどでも手に入れやすく、ブレンドしたものを紅茶に混ぜてもおいしいです。「ラズベリーリーフ」から淹れたハーブティーは"安産のティー"といわれ、妊婦さんはもちろん、生理痛や更年期障害にも有効です。同じく「ジャーマンカモミール」も生理不順や冷え症に作用します。女性に人気の「ローズ」も、やはりホルモンのバランスを整えるハーブとして月経不順に役立ちます。様々なハーブティーに少し加えることで、見た目も華やかなブレンドハーブティーが楽しめます。化粧品の原料にも使われる「ヒース」は美白のハーブ。美白成分のアルブチンを含みます。肌に潤いを与え、保湿効果をもつ「マーシュマロウ」との組み合わせは、美肌ハーブの定番ブレンド。ビタミンが豊富な「ローズヒップ」を加えればさらに無敵です。

●主なハーブの特徴と効能効果⇒P182〜P187

妊娠中に控えた方がいい ハーブはある？

パセリ、セージ、ローズマリー、タイムの過剰摂取は控えましょう。

①1960年代に活躍した男性デュオ、サイモン&ガーファンクルが唄って有名になった英国民謡「スカボローフェア」の歌詞には、まるでおまじないのようにハーブの名が散りばめられています。「パセリ、セージ、ローズマリー&タイム」と繰り返される理由は諸説ありますが、歌の中に登場する2人の男女の関係を象徴しているとの見方もあります。「パセリ」は浄化、「セージ」は忍耐、「ローズマリー」は貞節、「タイム」は勇気……といった具合に。個人的にはただのゴロ合わせではないかと思っていますが、偶然にもこの4つのハーブには共通する注意点があります。薬効が強いので、妊娠中の摂取は控えましょうというものです。ハーブティーを積極的に生活に取り入れる習慣がまだあまりない日本では、妊娠中はカフェインを摂らない、カフェインを含まないハーブティーなら安心、という単純な図式を信じていらっしゃる方がたくさんいます。でも、もとは薬草であり、今でも一部のヨーロッパでは薬局で扱う類いのものです。血圧の高い人は飲まない、一部の薬とは併用しない、子どもには飲ませない、胃が弱い人は控える、など様々な禁忌があり、その他にもまだ知られていない部分がたくさんあります。闇雲に神経質になる必要はありませんが、長期に飲み続ける場合は必ず専門医、専門店に相談しましょう。

ハーブティーってどうやって淹れるの？

ポットとカップを温める。

湯を捨て、ハーブをポットに入れる。

熱湯を注ぐ。

ドライハーブティーなら、緑茶や紅茶とほとんど同じです。

温めたポットにハーブを入れ、熱湯を注いで蒸らします。1人分のおおよその量はティースプーンに山盛り2杯ほどですが、ハーブは形や大きさが様々なので、一度は量りで計量してみることをおすすめします。花や葉が多いものは3〜5g、種や実がたくさん含まれるものは5〜7gを目安にしてください。沸騰したお湯を静かにゆっくり注ぎ、香りが逃げないよう、すぐにふたをして蒸らします。花や葉は3〜5分、種や実なら5〜7分程度。蒸らし終えたら茶漉しを使って余分なハーブを取り除きながら別のポットやカップに移しましょう。ハーブの種類や量によって、注ぎ切ってしまったほうがいいもの、少しお湯を残したほうがいいものなどがあります。注ぎ切った後の2杯目が

4 ふたをして蒸らす。

5 カップに移す。

6 できあがり。

ツルっとした磁器や、ガラス性のものがおすすめ

薄くなるようならハーブが湯に浸る程度のお湯を残し、2杯目以降はお湯を注ぎ足します。逆にお湯を残しておいて苦味や渋味が出るようなら、1回1回注ぎ切ってしまいましょう。特別な道具は必要なく、普段紅茶や緑茶に使っているポットを代用して構いません。ただ、素焼きの急須などは器自体に吸われた茶渋などが残っていることがあり、ハーブの成分と反応し合い抽出液の成分が変化する恐れがあります。効能を期待して淹れる場合には、ツルツルした素材の磁器を使いましょう。また、色とりどりなハーブの色合いが楽しめるガラスのポットもおすすめです。

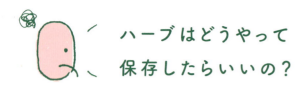

ハーブはどうやって保存したらいいの？

他の茶同様、密封容器に入れて、日のあたらない場所で保管しますが、いくつか注意点があります。

ドライハーブの保存方法は、日本茶や紅茶などと共通の部分が多いので、普段からお茶を飲んでいる方にとってはさほど難しくありません。空気に触れさせない、涼しい場所に置く、湿気を寄せつけない、光にあてない、臭いを移さない。この5点を守れば多くの茶と同じように日持ちのするものです。やはり茶と同じように密封できる容器で保管しますが、厳密には金属の保存缶を使うべきではないといわれています。これは鉄やアルミと反応しあって、ハーブの成分が変化することがある、という理由からです。最適なのはアロマオイルがはいっているような茶色や濃いブルーで遮光されたガラス瓶。ただ、ハーブは乾燥した状態の見た目が美しいものも多く、これを隠してしまうのはもったいない。そんな方は、透明な密閉ガラス瓶を日のあたらない場所で保管するという方法でもさほど問題ないと思います。ただし、その状態のものはできるだけ早めに使い切りましょう。ハーブティーは海外から輸入されたティーバッグなどもたくさん売られていますが、パッケージが紙でできているものは、少しずつ空気に触れて酸化が進んでしまう可能性があります。包装された状態で香りが外にもれているようなら要注意。箱や包装紙ごと瓶などに入れて密封してしまいましょう。

主なハーブの特徴と効能効果

アーティーチョーク

強い苦味が特徴。消化不良や、食欲不振、2日酔い、高コレステロール血症などの生活習慣病が気になる方におすすめ。

エキナセア

鼻がグズグズするときや、花粉症がつらいときに。少し青臭さがあるので、スペアミントやエルダーフラワーとのブレンドがおすすめ。

エルダーフラワー

果実のような爽やかな甘い香り。発汗や利尿作用があるので風邪の症状のときに。

オレンジピール

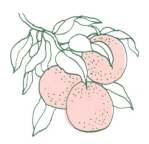

ほのかなオレンジの香り。少し渋みがあるので入れすぎないように。リラックス効果が大きく、利尿作用もある。

カモミール

消炎作用をもち、ストレスによる胃炎や胃潰瘍、不眠の症状に。リンゴに似た甘い香りは他のハーブとのブレンドにも大活躍。生理不順や冷え症にも。

シナモン

体を温め、発汗を促す。甘い香りでチャイやお菓子などにも使われる。スティックや粉末タイプがある。

ジンジャー

体を温める効果がある。辛いのでほんのり甘いシナモンとのブレンドがおすすめ。紅茶に混ぜてもよい。

スペアミント

ペパーミントより大きめな葉。すっきりと香るので、眠気冷ましに。

セージ

すっきりとした香りと苦味。喉の痛みや口内炎にも効果あり。妊娠中の服用は避けること。

タイム

清々しい香りとほろ苦い味。胃腸の働きを助け、頭痛や疲労回復にも。妊娠中の摂取は控える。

ダンデライオン

ビタミンや鉄分、カルシウムなどを多く含み、弱った胃腸を助ける。利尿効果も高い。苦味があるので、レモングラスやレモンマートルとのブレンドがおすすめ。

ハイビスカス

爽やかな酸味が特徴。体内のエネルギー代謝や新陳代謝を高め、肉体疲労を回復させる。

パセリ

香りは青い草のようで、苦い味をもつ。ビタミンが豊富で美肌や貧血予防に。妊娠中の摂取は控える。

バレリアン

筋肉の緊張を緩める。不眠や偏頭痛にも。独特のかなり強い臭いがあるので、ブレンドの際は少量に。

ヒース

美白のハーブで、化粧品の原料にも使われる。うっすらとした酸味と塩味。

フェンネル

甘い香りと草の香り。胃腸の働きを整え、消化不良やお腹のはりに効果がある。

ブラックペッパー

刺激が強く味も強烈なので、ほんの少しアクセントに。風邪の予防にも。

ペパーミント

爽やかな清涼感あふれる香り。のど飴などにも使われる。アレルギーを抑える働きがあり、花粉症にも。

マーシュマロウ

喉の痛みや気管支炎、口内炎などに有効に作用。肌に潤いを与える保湿効果も。甘い風味を引き締める、ペパーミントやレモンバームとのブレンドがおすすめ。

ミルクシスル

肝臓を守る働きがあるので、アルコールの飲みすぎや脂っぽいものを食べすぎたときに。微かな苦味はあるが、全体的にはやわらかな甘みをもつので飲みやすい。

メリロート (スイートクローバー)

リンパの流れを促し老廃物を排出するので、足がつる人、むくむ人に。軽い苦味があるが、柑橘系の香りでさっぱりとした風味。

ヤロウ

草の香りと軽い苦味。殺菌作用があり炎症を抑える効果がある。妊娠中の服用は避ける。

ラズベリーリーフ

生理痛や更年期障害に有効。干し草のような香りと軽い酸味がある。

リコリス

喉の痛みや咳を取る甘いハーブ。ペパーミントやレモンバームとの相性がいい。

リンデン

鎮静作用が高い。すっきりとした甘い風味。ストレス緩和や血圧を下げる働きがある。

レモングラス

レモンに似た柑橘系の香り。気分を壮快にし、消化を促す。

レモンバーム

ミツバチを引き寄せるといわれる花のような爽やかな香り。神経性の消化不良や偏頭痛に。

レモンマートル

すっきりとした柑橘系の香り。抗菌、消臭作用がある。

ローズ

ホルモンのバランスを整えるので月経不順に。ハーブティーに少し加えることで、見た目が華やかになる。

ローズヒップ

天然のビタミンCを豊富に含む。風邪や貧血の予防、眼の疲れの緩和など多くの効能がある。やさしい酸味と甘味。

ローズマリー

香りが強いので量は控えめに。抗酸化作用があり、美肌やアンチエイジング効果も期待できる。妊娠中は避ける。

麦茶、黒豆茶、ごぼう茶、柚子茶もハーブティー？

解釈はいろいろですが、ぜんぶまとめた便利な呼び名があります。

普　段なにげなく「茶」と呼んでいるものにも、厳格な定義の下では、そうでないものがたくさんあります。茶とはカメリアシネンシスである、という物差しでは、それ以外の植物でつくるものを茶と区別する必要があり、これを「茶外茶」としてくくります。ハーブティーも茶外茶にわけられます。他にもたくさんの種類の茶外茶があります。1枚の葉を捻ってつくられる「苦丁茶(くてい)」、菊の花を用いる「黄山貢菊(こうざんこうぎく)（菊花茶）」、かわいらしいハマナスの蕾でつくる「玫瑰茶(メイクイ)（薔薇花茶）」など、あまり知られていないけれど、特におすすめしたいものを次頁からご紹介していきます。

苦丁茶ってどんなお茶？

身体の毒を出すといわれ、2日酔いにおすすめのお茶です。

苦丁茶は、中国では古くから薬として飲用されていた歴史のある茶外茶です。2日酔い以外にも、肌にいい、中性脂肪をつきにくくするなど、茶に似た効能もあげられ、日本でも90年代後半から健康食品店などで見られるようになりました。口にしてすぐは無味に近いのですが、数秒後いきなり強い苦味が口一杯に広がります。これが苦丁茶の名の所以です。面白いのは、男性のほとんどが「無理！」というのに対し、女性は「このくらいなら平気」な上に「ほのかな甘さを感じる」という人が多いということ。一般的に味覚の男女差は否定されていますが、この結果だけを見ると、女性の方が細やかな感度に優れているのかもしれません。

黄山貢菊って変わった名前だけど……。

はやり目の者はこの黄山貢菊を飲みなさい

お

ちょっと面白い由来があります。

時は清の時代。北京紫禁城(しきんじょう)で「はやり目」(急性結膜炎)が蔓延しました。皇帝は国中から名医や薬を集めましたが、一向に治まる気配がありません。そんなある日、伝染病の噂を聞いた安徽(あん)省政府(きしょう)から、小さな菊の花が届けられました。黄色くかわいらしいこの花を見て、はじめは誰もが訝りました。しかし、いわれた通りこれを煎じて病人に飲ませたところ、徐々に「はやり目」が収束に向かったそうです。安徽省歙縣黄山五嶺(きゅうけんこうざんごれい)で摘まれたその花の評判はたちまち広がり、以来「黄山貢菊(こうざんこうぎく)(菊花茶)」として、皇帝に献上されるようになりました。中枢神経に対しての鎮静力があり、目の充血や疲れの解消、身体の無駄な熱を取り炎症を抑えるといわれています。

薔薇ってきれいなだけじゃないの?

エストロゲンが分泌されるわね

ピンク

グラスに数粒コロコロ入れて、お湯を注いで飲むのが一般的です

色は熱で退色しやすいので直接熱湯を注がずカップに入った紅茶に1〜2粒浮かべるのもキレイです

P191 番外編 黄山貢菊（菊花茶）／玫瑰茶（薔薇花茶）

トゲもありますが女性に嬉しいご利益もあります。

古来より、肌をピンク色に保つお茶といわれ、女性に珍重されてきました。ビタミンCが豊富で美肌効果が高いだけでなく、最近の研究で明らかになったのは、このかわいい色の効能です。女性らしい体系や美肌に関与する代表的な女性ホルモンのひとつ、エストロゲン。この花のピンク色には、視覚を通じて脳の一部の領域を刺激し、エストロゲンの分泌を促す力があるのだそうです。グラスに数粒コロコロと入れて、熱いお湯を注いで飲むのが一般的です。赤に近い色は熱で退色しやすいので、色を残したいときには直接熱湯を注がず、カップに入った紅茶などに1〜2粒浮かべてみるのもキレイです。

81

 コーヒーは
なにからできるの？

日本での正式名称はカタカナで「コーヒーノキ」。
この木になった赤い実の種からつくられます。

コーヒーノキは、赤道を挟んで南回帰線と北回帰線の間、「コーヒー・ベルト」と呼ばれるエリアで育成される常緑樹です。ほんの数日、白く小さな花を咲かせた後につく緑色の実が、だんだん赤く熟してゆきます。この完熟した果実が「コーヒーチェリー」。その実の中に向かい合わせで一対になった種が「コーヒー豆」です。この種だけを実から取り出し、200℃前後の熱を加えることで水分をとばし（焙煎）、中のアミノ酸や糖類の成分変化によって独特の風味をつくり出します。その豆を細かく砕いて煎じたのが、私たちがよく知っているコーヒーです。6世紀のエチオピアにカルディという羊飼いがいました。ある日、彼の羊が赤い木の実を食べると、突然ぴょんぴょん元気に飛び跳ねはじめたのです。不思議に思ったカルディもその実を食べてみるととっても気分が爽快になったので、その一部始終を近くの修道院に報告しました。以降、修道院の僧侶たちも修行の際の眠気覚ましに、その実を煮出して飲用するようになりました。それが現在のコーヒーの由来になったという伝説があります。ここからもわかる通り、コーヒーが世界中で非常に多く飲まれている最大の理由はカフェインを含む数少ない農産物であり、その覚醒作用が人々を長い間魅了してきたからだといえるでしょう。2014年現在、天然資源としては石油に次ぐ第2位の貿易額を誇ります。

Q. すっぱいコーヒーが苦手。
酸味がないコーヒー豆はある?

まず酸味についての誤解から解かせてください。

実はこの酸味、おいしいコーヒーの風味には欠かせないものなのですが、記憶の中のコーヒーの酸味＝すっぱい＝不味いというイメージが、皆さんの中でマイナス要素になっているのでしょう。私たちプロがコーヒー豆を評価する際のチェックリストには、甘さや口に含んだときの質感と並んで、酸味という項目があります。それは酸味があるかないかではなく、その酸味が「いい酸味」か「悪い酸味」かというもの。いい酸味とは、果実の種が本来もっている「フルーティー」で明るい酸味。そして、悪い酸味は食品が劣化（酸化）したときの味、もしくは焙煎の方法による酸味です。専門店や自家焙煎の店の多くは、焙煎後1ヶ月以内に消費されるのを想定してコーヒー豆を炒るため、その期間を経過したものから徐々に酸味を感じるようになります。また、真空パックなどで売られているコーヒー豆も、未開封でという条件で賞味期限が印字されていますから、封を切ったコーヒー豆は賞味期限内でも酸味を感じるようになります。もうひとつは焙煎の違いによる酸味。コーヒー豆専門店にもいろいろな考え方があり、「浅炒り」という軽い焙煎にこだわるところもあります。豆のキャラクターは出やすいのですが、必要以上の浅炒りには違和感を覚えるような酸っぱさがあります。技術の問題で芯まで火が入らずにナマ焼け状態のコーヒーも、淹れると強烈な酸味を感じます。いずれにしても好みのコーヒー屋さんを見つけて鮮度に気をつければ間違った「すっぱい」は回避できますよ。

実は酸味も大事な要素

コーヒーは果実の種なので本来酸味をもっている。

ほう

よくない酸味とは？

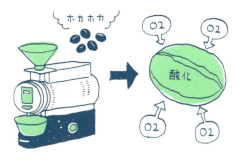

ホカホカ　酸化　O2

焙煎後1ヶ月くらいから酸味が目立ってくる。

焙煎の違いで酸味の強弱が変わる お店によって、その度合いも様々

ウチは浅炒りが信条!!

当店はしっかり深炒りよ。

コーヒーの酸味の名称

アシディティー
コーヒー生豆がもつ良質の酸味のこと。

アシッド
劣化した悪質の酸味のこと。

グラッシー
焙煎不足や芯残りの強烈な青臭い酸味のこと。

83

P197 コーヒー コーヒーの酸味

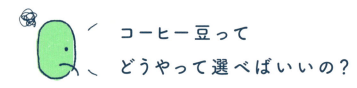
コーヒー豆って
どうやって選べばいいの？

初心者が目で見て風味を想像するポイントは、
原産国と焙煎具合の2つです。

農　産物の加工品であるコーヒー豆は、育った国の気候や環境によって風味が異なるのが自然です。ブラジル、ジャマイカ、コスタリカなど、そのほとんどが原産国名をそのまま商品名にしています。それらのコーヒーにどんな特徴があるのかは、P199の通りです。一般的には特徴をうまく引き出す焙煎が施されますが、大雑把にいうと酸味特性を活かすには焙煎を弱めにする「浅煎り」、苦味特性を活かすには焙煎を強めにする「深煎り」にします。生の状態の豆から、浅煎り、中煎り、深煎りまで、おおよそ8段階にわけられ、後にいくにしたがって色は濃くなります（P199）。ミディアムローストあたりまでは本来、生豆買いつけのバイヤーが鑑定のために用いたもので強い酸味があります。ハイローストからフルシティローストが飲用としてはバランスがよく、フレンチロースト、イタリアンローストは苦味が際立つのでミルクをたっぷり入れるカフェオレやアイスコーヒーに最適です。

原産国とその特徴

（コロンビア、エクアドルなど）

南米山岳系
豊かなボディーと調和のとれた酸味と甘味。

（グアテマラ、コスタリカなど）

中南米山岳系
酸味や苦味、コクのバランスがとれた味わい。

（マンデリン、トラジャなど）

インドネシア系
独特の苦味と酸味を伴った甘味。

（ブラジル、ボリビアなど）

南米系
軽やかなボディーと優しい香味。

（ジャマイカ、ハイチなど）

中米カリブ海系
甘く優しい柔らかな香味。

（モカ、タンザニア、ケニアなど）

アフリカ大陸系
深いコクと特徴のある酸味。

焙煎具合とその特徴

| ライトロースト | シナモンロースト | ミディアムロースト | ハイロースト | シティロースト | フルシティロースト | フレンチロースト | イタリアンロースト |

浅 ──── 焙煎 ──── 深
薄い ──── 色 ──── 濃い
酸味 ──── 味 ──── 苦味

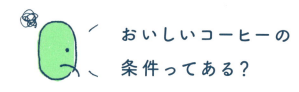

おいしいコーヒーの条件ってある?

「淹れたて」「挽きたて」「炒りたて」の、3つの「たて」といわれます。

そ の「たて」のどこから関わるかによって揃える道具も変わります。道具なんか使うのは面倒くさいから、どの「たて」も必要ないという人は、自販機の缶コーヒーやファミリーレストランなどのつくり置きのコーヒーでも問題ありません。道具はないけど、せめて「淹れたて」を飲みたいというときは、カフェやテイクアウトのコーヒースタンド、最近はコンビニでも淹れたてのコーヒーが飲めます。自分の好み通りに淹れてみたいという人はそのための道具が必要になります。自分でお湯を落として淹れるときの道具や、ボタンひとつですむ全自動のコーヒーマシーン、レトロ感のあるサイフォンや手軽なフレンチプレスなど、たくさんの抽出方法があります。ご自宅で「挽きたて」のコーヒーを楽しむためには、コーヒー豆を細かく砕く、コーヒーミルやグラインダーと呼ばれる道具が必要です。「炒りたて」は焙煎したてという意味。ここから関わりたいというマニアックな方には、焙煎前のコーヒー豆(生豆)を手に入れて自宅で炒ることができる小さな焙煎器だってあります。「淹れたて」、「挽きたて」と違い、ご自分での焙煎については、必ずしもおいしいコーヒーができるとは限りませんが、話しのネタや、コーヒーの風味を理解するためには楽しい作業だと思います。

コーヒー おいしい条件

淹れたて

ご飯も炊きたて、パスタも茹でたてがおいしいようにコーヒーも淹れたてがやっぱりおいしい。良質な素材を使って淹れたコーヒーは冷めてもおいしいが、時間の経過とともに酸化していく。

挽きたて

焙煎したコーヒー豆を挽くことで、断面が増え、急速に酸化が早まる。鮮度管理のためには、淹れる寸前に挽くのがよい。なにより挽きたての香りを楽しめるのが魅力。

炒りたて

コーヒー豆は焙煎した瞬間から二酸化炭素が抜けはじめ、同時に酸素が入り込む。それにより酸化＝劣化という経時変化が起こる。焙煎してから1〜2日はフレッシュな軽やかな風味に、3日目以降、徐々にコクを増していき、14日を越える頃から風味が落ちはじめる。（焙煎の度合いにより差がある）

どんなコーヒーミルがおすすめ？

手動

電動

業務用ミルのミニチュア版

コーヒーを淹れる杯数や掃除のしやすさで選びましょう。

焙煎したコーヒー豆を粉砕するための道具が、コーヒーミル。一台あれば、いつでも新鮮な挽きたてコーヒーを楽しむことができます。手動式のものや電動式のものがあり、金属刃で豆を細かくカットするものと臼のように潰しながら粉状に砕くものにわけられます。1～2人分までなら手動のものでもいいですが、それ以上なら電動式のものが楽チンです。刃や臼部分が水洗いできるものがおすすめ。小型のものはどうしても挽きムラが生じるので、専門店なみの香味を追求したいという方には、業務用ミルのミニチュア版という選択もあります。少々値段は張りますがマニアックな気分も楽しめます。

ペーパードリップ、ネルドリップってなに?

ペーパードリッパー

カップ形で底に小さな穴のあいた器具。「カリタ」に代表される3つ穴式の台形型と「ハリオ」で有名な1つ穴式の円すい型などがある。3つ穴式の台形型は、湯量のコントロールがしやすいのが特徴。1つ穴式の円すい型は、抽出速度が早いため、すっきりとしたコーヒーをつくりやすい。

ネルドリッパー

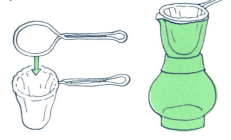

起毛のあるフランネル生地でつくられたフィルター。繰り返し使えるが、放っておくと繊維に残ったコーヒーの粒子が酸化し臭ったりすることがあるので、煮沸して水をはった容器に入れて冷蔵庫で保管する。しばらく使わないときは密封できる容器や袋に入れて冷凍庫へ入れておくとよい。

日本では一番ポピュラーな、紙や布を使った抽出方法です。

紙製のフィルター(ペーパーフィルター)を使用して、挽いたコーヒー豆をろ過して淹れることを「ペーパードリップ」といい、布製のフィルター(ネルフィルター)で淹れたものは「ネルドリップ」といいます。ペーパードリップは、フィルターが使い捨てという手軽さと、気軽に買える価格、そして抽出したコーヒーの透き通るような美しさなどからもっとも人気の高い淹れ方です。ネルフィルターは、ペーパーより目が粗いため成分を抽出しやすく、不要な微粒子は繊維の中に留まるので、口当たりの柔らかなコーヒーになります。さらに、洗って何度も使えるのが魅力な反面、保管方法にちょっとした注意が必要です。

コーヒーを自宅で淹れる際の
ポイントは？

コーヒー豆の量、湯の温度、抽出時間の3つです。

　この3つが、コーヒーの風味を左右します。理屈はとても簡単。まず、一定の湯に対して材料が多いほど濃いものが、少ないほど薄いものができます。また、コーヒー豆に含まれる様々な成分は、温度によって湯に溶け出すタイミングが違うので、湯温の高低によって風味に差が出ます。さらに、それらの成分が湯に移る時間にも長短があるので、コーヒー豆が湯に浸かっている時間も味に大いに関わります。そして、もっとも重要なのは、インスタントコーヒーのように、その物質自体が湯に溶けるのではなく、そこに含まれる成分を湯に移動させるというのがコーヒーを抽出する作業だということです。コーヒー豆から成分を取り出すためには、挽いたコーヒー豆を少量の湯で熱し、水蒸気の力でエキスを浮かび上がらせ、それを湯に移します。このエキスを浮かび上がらせる工程を「蒸らし」といいます。蒸らしを怠ると、成分が抽出される準備のできていないところにお湯を注ぐ形になるので、うっすらと味気ないコーヒーができあがります。湯の温度は90℃前後と覚えてください。カンカンに沸騰したお湯だと雑味のもとになる余分なものまで溶け出し、逆に低い温度だと出るべき成分が出てきません。

コーヒーの淹れ方

1 ペーパーフィルターの底のミシン目を手前に折り、裏返しにして横のミシン目を折る。

2 開いてドリッパーにセットする。

3 フィルターに挽いたコーヒー豆を入れる。※1

4 中央から外に向かって円を描くように、お湯を落とす。ここで豆が膨らむので、膨らみきるまで約30秒待つ（蒸らし）。※2

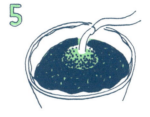

5 膨らんだコーヒー豆の真ん中に細く小さな穴をあけるイメージでお湯を投入。

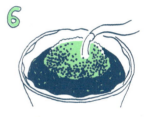

6 その穴を少しずつ広げるイメージでお湯を切れ間なく注ぎ続ける。

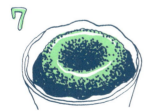

7 フィルターにはお湯をかけず、まわりにドテをつくるのがコツ。

8 サーバーの抽出分の目盛りまでコーヒーが落ちたら、ドリッパーをはずし、カップに注ぐ。

※1＝コーヒーの挽き方が細かいと味が濃くなり、荒いと薄くなる。通常1人分約10gという説明が一般的ですが、私の経験では1人分13〜15g、2人分20〜22g、3人分25〜27gくらいで常に安定した同じ風味のコーヒーが抽出できる。

※2＝お湯はコーヒー豆の上にふわりとのせるイメージで、ペーパーフィルターにはなるべくお湯をかけないように。

家庭用コーヒーメーカーって
どうなの？

1 スイッチをON。

2 フィルター全体にお湯が
注がれた頃を見計らい
スイッチをOFFに。

3 30秒、蒸れるのを待つ。

4 再びスイッチをONにし、
定量まで抽出する。

裏ワザひとつでおいしいコーヒーが淹れられます。

コンセントにプラグを差し込んで、コーヒー豆と水をセットすればコーヒーを抽出してくれる便利な家電です。ただ、コーヒーを淹れる際の大事な工程「蒸らし」の機能がないものが多いため、どうしてもコクのないコーヒーになりがちなのが玉に瑕。この「蒸らし」を効果的に行う裏ワザがあります。スイッチを入れてフィルター全体にお湯が注がれた頃を見計らい、一度スイッチをOFFにします。その後30秒ほどじっくり蒸れるのを待って再度スイッチを入れ、定量まで抽出してください。コクと香りが格段に変わります。保温ヒーターのついたものも多いですが、長時間の保温は酸味やエグみの原因になります。

ティープレスでも
コーヒーが淹れられるの？

1. 挽いたコーヒー豆を入れる。

2. 少量のお湯を注ぎ、30秒ほど蒸らす。

3. 分量分のお湯を加え、蓋をして3〜4分浸したら、ハンドルを押し下げる。

4. カップに注いだらできあがり。

ヨーロッパではコーヒー用に使われている道具です。

別 名をフレンチプレスといいます。まず、挽いたコーヒー豆を入れ、少量のお湯で30秒ほど蒸らします。杯数分のお湯を注ぎ、お好みで3〜4分浸したら、底に金属製フィルターのついたハンドルを押し下げます。紙や布では漉されてしまうコーヒーオイルをたっぷり含んだコーヒーが淹れられます。ただ、どうしても気になるのがフィルターをすり抜けた微粉末のザラツキ感。欧米の人はあまり気にしないのですが、良質の水と、茶の湯の文化をもつ日本では、この口で溶けないザラツキやカップの底に残る濁りを嫌います。気になる方はプレスした後、少し時間をおいて微粉末を沈殿させ、できるだけゆっくりとカップに移しましょう。最後まで注ぎ切らないのがコツ。

喫茶店に理科の実験装置みたいのがあったのですが……。

1
フラスコに沸騰したお湯を注ぐ※。

2
アルコールランプに火をつけて、再沸騰させる。

3
ロートに挽いたコーヒー豆を入れる。

4
再び火にかけると、湯が上昇していく。

5
よく混ぜ、好みの濃さになるまで待つ。

6
アルコールランプを外すと一気に抽出液が下降する。カップに注いだらできあがり。

サイフォンというコーヒー抽出器具です。
プロ向けの器具として
日本で独自の発達を遂げました。

91

※水を注ぐのは間違い。燃料用のアルコールが無駄になるだけでなく、耐熱ゴムやガラスの劣化が早まり、破損の原因にも。

持っていると便利な道具はある？

コーヒーメジャースプーンと、ドリップ用ポットはいかがでしょう。

コーヒー豆を計量するときに使うのが、「コーヒーメジャースプーン」で、メジャースプーン1杯がカップ1杯分です。ただし、カップの大きさや抽出器具によって使う量が変わりますので、おおよその目安として使いましょう。メーカーによっても容量が違います。「ドリップ用ポット」は、ペーパーフィルターやネルフィルターを使い、手動でコーヒーを抽出するときに使う注ぎ口がとても細いポットのこと。湯の量や時間など、微妙なコントロールが可能です。これがあると急にコーヒーを淹れるのが上手になったような気にさせてくれます。

92

エスプレッソってなに?

高い圧力で一気に抽出した濃厚なコーヒーです。

①　1990年代後半、シアトルの大手コーヒーチェーン「スターバックス」が上陸して以来、日本でもエスプレッソコーヒーが街中のカフェやコーヒースタンドで楽しめるようになりました。いわゆるレギュラーコーヒー（お湯で淹れるコーヒー）が簡単な器具さえあればお店と同じように淹れられるのに対し、エスプレッソを淹れるには専用のマシーンが必要です。本格的な業務用機械は安くても数十万〜数百万円するのが普通。専用のグラインダーで細かな粉状になるまでコーヒー豆を挽き、これをホルダーと呼ばれるハンドルのついた金属製のフィルターにギュウギュウに詰め込みます。そこに短時間でお湯を浸透させて抽出するのですから、かなりの圧力が必要になります。最近では家庭用の電気式のエスプレッソマシーンも、高性能でおしゃれなものが出てきました。業務用の高圧マシーンには敵いませんが、紙パックやカートリッジ式のカプセルに入った専用コーヒー豆をセットしてボタンを押すだけというお手軽さ。いずれの方法でも1杯分の量は少なめで、エスプレッソカップや、デミタスカップと呼ばれる小さな器を使います。砂糖をたっぷり入れたら、カップの取っ手を指でつまんで、クイっとひと口でいただくのがイタリア風。

カフェラテ、カプチーノってなにが違うの?

エスプレッソ・ソロ

エスプレッソといえば通常このソロのことを指す。専用マシーンを使って高圧で抽出したコーヒー。

エスプレッソ・ドッピオ

ソロの倍の量のエスプレッソ。ドッピオはダブルの意味。ただし、豆の量を倍にして1杯分を抽出した場合も、こう呼ばれることがある。

カフェ・ラテ

イタリア語でコーヒーとミルクという意味。エスプレッソを落としたカップの上からコーヒーの2倍程度のスチームした滑らかなミルクを加える。

カプチーノ

もとはスチームしたミルクと、そこに立つフワフワの泡の両方をエスプレッソに加えたものだった。現在は、シルキーと呼ばれる滑らかなミルクフォームが主流。

マキアート

エスプレッソに泡状にたてたミルクをひとさじ加え、コーヒーにミルクの染みをつけるというのが名の由来である。

簡単にいうとどちらもエスプレッソの楽しみ方です。

本場イタリアから北米にわたった「エスプレッソコーヒー」は、西海岸シアトルを経由して日本でも爆発的に普及しはじめます。それは凝縮したコーヒーの風味を味わう本家イタリアの飲み方から、ミルクの甘さで軽快にエスプレッソを楽しむというスタイリッシュなイメージが定着したからでしょう。このようないわゆる「シアトル系カフェ」のエスプレッソ・バリエーションをメインに、知っているようで実はよく知らない、名前とその特徴を上記にあげます。臨機応変なバリスタがいるお店なら、これらをベースにさらに様々なリクエストに応えてもらうことも可能です。

アイスコーヒーのおいしい淹れ方ってある?

熱湯で淹れる方法

氷が溶けてコーヒーが薄まる分を考慮し、通常の1.2倍〜1.5倍の量の細挽きのコーヒー豆を使って1杯分を淹れる。あとは、ふちまでいっぱいに氷を入れたグラスに注いでできあがり。

水で淹れる方法

時間がかかるので、たっぷりつくる。細挽きのコーヒー豆100gを容器に入れ、そこに1ℓの水を注ぐ。そのまま冷蔵庫でひと晩保管。翌朝コーヒー用の紙フィルターなどで濾したら、別の容器に移す。濃い場合は水を足す。

お湯で淹れる方法と水出しの2つをご紹介します。

カフェはもちろん、自動販売機の缶コーヒー、スーパーマーケットに並ぶリキッドコーヒーなど、アイスコーヒーはどこでも手軽に手に入り、すぐに楽しめます。自宅で豆から淹れるのも、とても簡単。コーヒー豆は「深炒り」と呼ばれる比較的強めに煎った豆を使います。酸味が少なく苦味が強めに出るのが特徴で、「フレンチロースト」「イタリアンロースト」などという名前で売られています。専門店なら「アイスコーヒーに使いたい」といえばちょうどいい焙煎具合の豆を教えてくれるでしょう。挽き加減は細挽きがおすすめ。淹れ方は上記の通りです。

 ベトナムコーヒー ってなに?

<u>ベトナム産コーヒーの特徴を活かした
甘いお菓子のようなコーヒーです。</u>

　コーヒーの産地といえば、ブラジルやコロンビアなど南米のイメージがありますが、生産量1位を誇るブラジルに次いで世界第2位の国がアジアにあります。ベトナムです。コーヒーには他の農産物同様、いくつかの品種があります。私たちが日常的に飲むドリップコーヒーのほとんどは「アラビカ種」といい、風味に優れているかわりに育成条件が厳しく、比較的環境に弱い品種といえます。一方、「カネフォラ種」という種の中でもロブスタという品種は環境への適応能力が高く、低地で大量に栽培が可能です。このコーヒーの一大産地がベトナムです。外貨獲得の国策として、安い労働力で低価格コーヒーを栽培し続けた結果、近年急激に生産量を伸ばしました。ただし、このコーヒーは苦味が強く、香りもアラビカ種に劣ります。ちょっと違うというのではなく、かなり違うのです。とはいえ、コーヒーの「らしさ」といえる苦みや芳ばしい香りを誇張するような際には威力を発揮します。例えば缶コーヒーの原料としてその価格の安さと風味が重宝されますし、エスプレッソの独特のコクを表現するときにブレンドされたりもします。そして、その名も「ベトナムコーヒー」はまさにこの風味なくしては成り立たない飲みもの。たっぷりのコンデンスミルクを先に入れたカップにドリップしたら、よくかき混ぜてトロトロの甘くて苦いコーヒーを楽しみます。コンデンスミルクに負けないベトナム産ロブスタ種の本領発揮といえるでしょう。

1  あらかじめカップにスプーン3杯程度のコンデンスミルクを入れておく。	**2**  フィルターの中蓋をはずし、挽いたコーヒー豆をスプーン3杯入れる。	**3**  中蓋をセットし、ネジをしめる。	**4**  フィルターをカップにのせ、熱湯を少量入れる。
5  蓋をして、30秒蒸らす。	**6**  蓋をはずし、分量分のお湯を一気に注ぐ。	**7**  蓋をしてコーヒーがポタポタ落ちるのを待つ。	**8**  フィルターをはずし、コンデンスミルクと混ぜればできあがり。

100g、500円のブルーマウンテンを見つけました！これは買い？

ちょっと待ってください。かなりの確率でNGです。

①800年代初頭、ロンドンのコーヒーハウスにおいてその品質の高さから人気を博し、一世を風靡した「ブルーマウンテン・コーヒー」。気高い香りと繊細でバランスの取れたテイストは日本でも孤高のブランドとしてキング・オブ・コーヒーの名を欲しいままにしています。ただ、そのブランド力の強さに乗じて得体の知れない「ブルーマウンテン」が横行しているのも事実です。まがい物をつかまされないためにも、そもそもブルーマウンテンって？ というところからはじめましょう。産地は、甘味と優しい香りをもつコーヒーで有名なジャマイカ。最高品質コーヒーの育成条件を備えた、国が定める「ブルーマウンテン・エリア」でつくられる希少なコーヒーだけにこの名前を冠することが許されます。気をつけて見たいのは、ブルーマウンテンの後につくナンバーや名称。ブルーマウンテンNo.1はふるいにかけて選別した一番大粒の豆。以下小さくなるにしたがってNo.2、No.3……と続きます。そして、ブルーマウンテンの後に「ブレンド」という文字があるものは、ブルーマウンテンと他のコーヒー豆を合わせたもの。もっと正確にいうと、ブルーマウンテンは3割程度だと思ってください。他にも、エメラルドマウンテンやレインボーマウンテンなど、ブルーマウンテンを連想させるようなネーミングのものが多数ありますが、ブルーマウンテンという名のコーヒー豆以外はブルーマウンテンとはまったく別ものです。

「このコーヒーおいしい！」と思ったときに、
どんな表現を使えばいい？

テイスティングの基準は大きく7つの香味にわけられます。

手　本にしたいのはプロが買いつけ時に行うテイスティングの際の評価項目。知っている表現の分だけコーヒーのおいしさを頭で理解しやすくなり、自分なりの評価ができるようになります。ひとつめは香りの評価を表すもので、粉の状態で「フレグランス」、液体になったものを「アロマ」といいます。"花のような""スパイスのような"などといういい方をします。味と香りの総合的な印象のことは、「フレーバー」。コーヒー以外の食べ物に例えて"チョコレートのような""キャラメルに似た"のように使います。「アシディティー」は、すっきりと甘味に変わる酸味のことで、"ピーチ"や"アプリコット"に例えられます。「ボディー」は味の種類ではなく濃度や粘りなど味の質量の評価表現。"豊かな""軽やかな""クリームのような"などと用います。上記のフレーバー、アシディティー、ボディーの相対的な関係を分析した表現は「バランス」。"酸味と苦味のバランスが悪い""それぞれの調和が取れている"といういい方です。「アフターテイスト」は、飲み終えた後の舌全体や鼻腔などに残る余韻のこと。最後に「オーバーオール」。"クリーンな香味""スムージーなのどごし""甘さ"などを加味し、例えば"ブラジル産らしさ"など、産地の香味特徴やユニークさを総合的に評価します。

ブレンドコーヒーって？

銘柄の違う豆同士を合わせた、香味バランスのよいコーヒーです。

メニューに、ブラジルやコロンビアなど、銘柄でオーダーできるカフェがあるなら、自分でブレンドを試してみましょう。例えば、「ブラジル」をストレートで口に含むと甘味と苦味をハッキリと感じるはずです。次に「コロンビア」を飲んでみてください。今度は舌の両脇にピリピリとした酸味が確認できます。この２つの液体を同量で混ぜると、口全体にふわりと広がるような、柔らかでバランスの取れた風味ができあがります。さらにモカやケニアなど、個性的なコーヒーを配合することで奥行きや立体感を感じられる自分だけのオリジナルブレンドができあがります。

コーヒーの保管で気をつけることは？

できるだけ遮光し温度の低いところでの保存が原則です。

①.湿気 2.空気 3.光 4.高温。この本のいろんなお茶の保存方法にも登場したこれら大敵をどうシャットアウトするかがコーヒーでも鍵になります。湿気は思わぬところに落とし穴が。例えばヤカンからの蒸気はもちろん、なにかの拍子に濡らした計量スプーンが原因になることも。

冷蔵庫での保管は出し入れによる結露に気をつけて。しばらく飲まないときには冷凍保管も可能です。挽いたものは、豆の状態よりも急速に劣化が進みますので、豆での保存がおすすめです。

100

おわりに

この本についての具体的なお話をいただいてから完成までには、丸2年の月日を要しました。こんなにも長い時間、僕の遅筆を辛抱強く待っていただいた雷鳥社、そして、ときにおだて、ときには放置し、またあるときには叱咤しながら僕を最後のページまで導いてくれた編集の谷口さんには本当に心から感謝しています。各ページに楽しく細やかですばらしいイラストを描いてくれた白井さん。全編、細部にまでこだわったデザインを手がけてくれた林さん。このチームの一員として1冊の本を作れたことを誇らしく思います。

各章の執筆にあたっては、それぞれを専門の立場とされる方々から多大なるご協力をいただきました。日本茶の章では小栗農園の小栗清行社長、中国茶では高級茶藝師であり僕の茶の師である志自岐裕美さん。ハーブについてのたくさんの知識をいただいた木暮睦美さん、コーヒーのスペシャリストであり同級生でもあるcoffee colorsの木村希士さん。モチベーションが途切れそうになるたび激励いただいたikanikaの平井康二・かずみさんご夫妻。みなさんのお力添えがなければこの本の完成にはまだまだ時間を要したでしょう。執筆中も店をしっかりと守ってくれたスタッフの高谷・渡辺にも感謝を。そして誰よりもこの本を楽しみにしてくれていたまま、完成を見ずに旅立たれた川嶋真美さんに（川嶋さん、いい本ができましたよー）。

a cup of tea is always a good idea.
お茶するって、いつだっていいアイデアだよ。

三宅貴男(みやけ・たかお)

中国政府公認茶藝師。「コノハト茶葉店」店主。2008年世界の茶葉の専門店「コノハト茶葉店」、2009年茶葉店に併設したカフェ「コノハト カフェ&レコーズ」を立ち上げる。雑誌にてエッセイの連載や青森放送ラジオのレギュラー出演もある。全国各地でお茶に関するイベントなどを主催している。www.connacht.jp

「うちでお茶する?」
のコツ100

2015年2月12日 初版第1刷発行
2019年6月3日 第3刷発行

著者 = 三宅貴男

デザイン = 林真（vond°）

イラスト = 白井匠

編集 = 谷口香織

発行者 = 安在美佐緒

発行所 = 雷鳥社
〒167-0043
東京都杉並区上荻2-4-12
TEL 03-5303-9766
FAX 03-5303-9567
HP http://www.raichosha.co.jp/
E-mail info@raichosha.co.jp
郵便振替 00110-9-97086

印刷・製本 = シナノ印刷株式会社

定価はカバーに表示してあります。
本書のイラストおよび記事の
無断転写・複写をお断りいたします。
著作権者、出版者の権利侵害となります。
万一、乱丁・落丁がありました場合は
お取り替えいたします。

©Takao Miyake / Raichosha
2015 Printed in Japan.
ISBN978-4-8441-3671-2 C0077